PLASSEN
VERLAG

Der Survival Guide fürs Leben

BEAR GRYLLS

Die Originalausgabe erschien unter dem Titel
A Survival Guide for Life
ISBN 978-0-593-07103-8

Copyright der Originalausgabe 2012:
Copyright © Bear Grylls Ventures 2012
Translation copyright © 2013, by Börsenmedien AG, Kulmbach

Copyright der deutschen Ausgabe 2013:
© Börsenmedien AG, Kulmbach

2. Auflage 2014

Übersetzung: Yvonne Rolli
Umschlaggestaltung: Johanna Wack
Gestaltung, Satz und Herstellung: Tanja Erhardt
Lektorat: Marion Reuter
Druck: GGP Media GmbH, Pößneck

ISBN 978-3-86470-122-1

Bibliografische Information der Deutschen Nationalbibliothek:
Die Deutsche Nationalbibliothek verzeichnet diese Publikation in der
Deutschen Nationalbibliografie; detaillierte bibliografische Daten
sind im Internet über <http://dnb.d-nb.de> abrufbar.

Postfach 1449 • 95305 Kulmbach
Tel: +49 9221 9051-0 • Fax: +49 9221 9051-4444
E-Mail: buecher@boersenmedien.de
www.plassen.de
www.facebook.com/plassenverlag

Dieses Buch ist unseren drei Jungs gewidmet:
Jesse, Marmaduke und Huckleberry.

Das Leben kann uns mitunter auf eine harte Probe stellen,
und deshalb hoffe ich, dass euch dieses Buch als guter
Wegweiser und Ratgeber dienen wird, damit ihr lernt, die
Herausforderungen des Lebens erfolgreich zu bewältigen
und eure Lebensträume zu verwirklichen. Und denkt daran:
Das Leben ist kurz und die Zeit kostbar – also lebt es mutig
und entschlossen, meine Lieben.

Wir lieben euch drei sehr
und sind wahnsinnig stolz auf euch.
Immer.

Meine wunderbare Shara, dir danke ich dafür, dass du stets
mein Fels in der Brandung bist und meine beste Freundin,
die mich immerzu unterstützt und anspornt. Ich denke, dass
wir zusammen ein absolut unschlagbares Team sind …

Ich bin gekommen, um ihnen das Leben in ganzer Fülle zu schenken.

(Johannes 10,10)

INHALT

1. Finden Sie Ihren Lebenstraum 11

2. Lassen Sie sich Ihre Träume von niemandem ausreden ... 14

3. Machen Sie einfach den ersten Schritt 16

4. Verwirklichen Sie Ihre Träume,
   aber jagen Sie nicht dem Geld hinterher 20

5. Seien Sie selbst der begeisterungsfähigste Mensch,
   den Sie kennen 24

6. Sagen Sie Ja 28

7. Mutig sein kann man nur, wenn man Angst hat 32

8. Wer eisern bis zum Ende durchhält, wird gewinnen 35

9. Das kleine Extra-Quäntchen eiserner Willensstärke 39

10. Geben Sie niemals auf 43

11. Es gibt keinen besseren Lehrmeister
    im Leben als widrige Umstände 45

12. Erkenne dich selbst 47

13. Reiten lernt man erst, wenn man
    ein paar Mal vom Pferd gefallen ist 52

14. Reisen Sie mit leichtem Gepäck:
    Nehmen Sie nur das Nötigste mit 54

15. Befreien Sie sich von unnötigem Ballast 58

16. Sorgen bereiten Sorgen 62

17. Zelte reparieren sich nicht von selbst 65

18. Jeder ist seines eigenen Glückes Schmied 68

19. Wer sich auf andere verlässt, der ist verlassen 71

20. Wer seine Träume verwirklichen will,
    muss Opfer bringen 74

21. Zu scheitern bedeutet nicht, dass man ein Versager ist ...78

22. Akzeptieren Sie Fehlschläge – sie gehören dazu 81

23. Würdigen Sie den Weg und nicht das Ziel 84

24. Hüten Sie sich vor den drei *G* 88

25. Orientieren Sie sich an den fünf *F* 91

26. Der Wind und die Sonne 95

27. Um etwas zu bekommen,
    müssen Sie zuerst etwas geben 98

28. Experten sollte man zwar Gehör schenken,
    aber nicht hörig sein 102

29. Instinkt ist der Spürsinn des Geistes –
    vertrauen Sie ihm 106

30. Die Stürme des Lebens machen Sie stärker 111

31. Bescheidenheit ist das A und O 114

32. Lachen Sie über sich selbst 118

33. Sage mir, mit wem du umgehst,
    so sage ich dir, wer du bist 121

34. Suchen Sie sich jemanden, der Ihnen den Weg weist 124

35. Suchen Sie sich Ihre ganz
    persönliche Motivationsquelle 128

36. Keine Motivation?
    Na und, das passiert uns allen hin und wieder 131

37. Begegnen Sie Ihren Mitmenschen
    mit Herzenswärme und Hilfsbereitschaft 134

38. Erst wenn die Leute wissen,
    wie sehr Sie sich für sie interessieren,
    interessiert sie auch, was Sie alles wissen 138

39. Geld ist wie ein Fluss: Es muss fließen 141

40. **Wem viel gegeben wird,
von dem wird auch viel erwartet** 145

41. **Nie wieder arbeiten!** 148

42. **Schluss mit dem ewigen „Ich werde versuchen ..."!** 150

43. **Achten Sie auf Ihre Worte, sie verändern Ihr Leben** 154

44. **Vertrauen Sie darauf, dass der Berg Ihnen Kraft gibt** 157

45. **Kein Plan überlebt die erste Feindberührung.**
Helmuth von Moltke, preußischer Generalfeldmarschall 160

46. **Drei unverzichtbare Charaktereigenschaften ...** 163

47. **Engagieren Sie sich ehrenamtlich** 168

48. **Effizientes Zeitmanagement ist ein absolutes Muss!** 172

49. **Fliegen Sie auf die Fidschis ... jeden Tag!** 174

50. **Sorgen Sie dafür, dass Sie stets gut geerdet sind** 178

51. **Drei Pfadfinderregeln fürs Leben** 182

52. **Mutig sein kann man lernen** 189

53. **Nutzen Sie Ihre Zeit mit Bedacht** 193

54. **Kümmern Sie sich um Ihr Hab und Gut** 196

55. **Je höher das Risiko ... desto größer der Erfolg** 198

56. **Jeder halbherzige Versuch ist ein Schlag ins Wasser** 201

57. **Jedes Mal, wenn Sie über sich selbst hinauswachsen,
wächst auch Ihr Selbstvertrauen** 205

58. **Beurteilen Sie Menschen
nicht nach ihrem sozialen Status** 208

59. **Die Annehmlichkeiten der Zivilisation
verlieren schnell an Bedeutung** 211

60. Grübeln Sie nicht ständig über Ihre Fehler nach 215

61. Schluss mit bequem und gemütlich:
    Raus aus der Komfortzone 217

62. Zwei Ohren, ein Mund 220

63. Lassen Sie andere glänzen 223

64. Gehen Sie mit gutem Beispiel voran 225

65. Ernähren Sie sich gesund
    und treiben Sie regelmäßig Sport 231

66. Der Wille zu siegen ist nicht genug,
    man muss auch willens sein, hart zu trainieren 236

67. Seien Sie großzügig 239

68. Allen Widrigkeiten zum Trotz
    ein heiteres Gemüt bewahren 244

69. Wenn Sie durch die Hölle gehen,
    bleiben Sie nicht stehen 248

70. Ein Fünkchen Hoffnung ist manchmal alles,
    was Sie brauchen 251

71. Was Sie über andere sagen,
    sagt am meisten über Sie selbst aus 255

72. Dankbarkeit, Dankbarkeit
    und nochmals Dankbarkeit 258

73. Wenn das Leben dir Zitronen gibt,
    mach Limonade draus 261

74. Eine Krise ist eine Gefahr und zugleich eine Chance 266

75. Kein Mensch ist vollkommen,
    aber gerade diese Unvollkommenheit ermöglicht uns,
    über uns hinauszuwachsen 269

1.
FINDEN SIE IHREN
LEBENSTRAUM

Das ist kein *„So wird man schnell reich"*-
Buch – es ist vielmehr ein praktischer
Insider-Leitfaden, der Ihnen verrät, wie Sie
Ihre Träume verwirklichen und ein selbstbestimmtes, erfolgreiches und erfülltes Leben
führen, das Ihnen Spaß macht. Denn in einem
Wettstreit zwischen materiellem Reichtum
und Selbstverwirklichung kann es immer nur
einen wahren Gewinner geben.

Ihre Lebensreise beginnt damit, dass Sie zuerst einmal Ihren Traum finden müssen.

Träume sind mächtig. Sie gehören zu jenen kostbaren und seltenen immateriellen Werten, die Männer und Frauen dazu angespornt haben, sich auf den Weg zu machen, durch die Hölle zu gehen und wieder zurück und dadurch die Welt zu verändern. Allerdings meine ich damit nicht jene Träume oder besser gesagt Fantastereien, die sich nicht in die Realität umsetzen lassen – ich meine vielmehr jene Art von Traum, der Sie motiviert; einen Traum, für den Sie bereit sind, wahrhaft alles zu geben, damit Sie ihn verwirklichen können.

Das folgende Zitat von T. E. Lawrence spricht mir aus dem Herzen:

Alle Menschen träumen, aber nicht auf die gleiche Art. Jene, die in der Nacht in den staubigen Nischen ihres Unterbewusstseins träumen, wachen am nächsten Tag auf und merken, dass alles nur Einbildung war; diejenigen aber, die am Tag träumen, sind gefährlich, denn sie können mit offenen Augen auf ihre Träume hinarbeiten, um sie Wirklichkeit werden zu lassen.

Ihr Ziel muss es sein, zu der gefährlichen Sorte Träumer zu gehören, zu denjenigen, die am Tag träumen und darauf hinarbeiten, dass ihre Träume immer mehr Gestalt annehmen und Wirklichkeit werden.

Nehmen Sie sich ruhig ein wenig Zeit, um herauszufinden, was Ihr Lebenstraum ist. Machen Sie einen ausgedehnten Spaziergang. Stecken Sie sich große Ziele. Finden Sie heraus, was Sie wirklich glücklich macht.

Fragen Sie sich doch einmal, was Sie gern beruflich machen würden, wenn Sie nicht auf das Geld angewiesen wären. Fragen Sie sich einmal, wofür Sie wirklich brennen. Fragen Sie sich einmal, was Sie anspornt, selbst dann noch weiterzumachen, wenn die meisten anderen schon längst aufgegeben haben.

Suchen Sie nach Antworten auf diese Fragen, denn darin liegt der Schlüssel zu Ihrem Lebenstraum. Schließlich hat jeder von uns seinen eigenen, ganz persönlichen Mount Everest, und sobald wir seinem Ruf folgen, wird unser Leben zu einer einzigartigen Abenteuerreise.

Ihr Traum muss natürlich auch realistisch und durchführbar sein. Lassen Sie sich also von Ihrem gesunden Menschenverstand leiten und beweisen Sie Augenmaß – aber verwechseln Sie Realismus nicht mit Pessimismus! Stecken Sie sich ruhig große Ziele, aber achten Sie darauf, dass das Ganze durchführbar ist, denn solange Ihr Traum sich im Wesentlichen auf der Grundlage Ihrer Fantasie und harter Arbeit verwirklichen lässt, sollten Sie auf jeden Fall auf dieses Ziel hinarbeiten.

Schreiben Sie Ihr Vorhaben auf. Befestigen Sie dieses Blatt irgendwo an der Wand – dort, wo Sie es jeden Tag sehen können.

Denn Worte und Bilder haben Macht.

Sie verstehen, worauf ich hinauswill?

Prima, damit wäre der Anfang bereits gemacht …

2.
LASSEN SIE SICH IHRE TRÄUME VON NIEMANDEM AUSREDEN

Haben Sie eine Ahnung, was passiert, sobald Sie Ihr Vorhaben schriftlich fixiert haben und Ihren Mitmenschen das erste Mal davon erzählen? Sie werden ganz schnell auf die wohlbekannten Zyniker treffen, die Sie nur anschauen und dann süffisant lächeln.

Traumdiebe nenne ich diese Leute.

Doch Vorsicht: Sie sind weitaus gefährlicher für die Menschheit, als Sie sich das vielleicht vorstellen können.

In unserem Leben werden wir pausenlos Menschen begegnen, die es nur darauf anlegen, unser Selbstbewusstsein zu erschüttern oder sich über unsere Ziele lustig zu machen. Schließlich gibt es eine Vielzahl von Gründen, warum unsere Mitmenschen uns gern in die Parade fahren: Vielleicht sind sie einfach ein wenig neidisch, dass wir im Leben mehr erreichen wollen, als sie sich selbst zu erhoffen wagen, oder sie befürchten, sich minderwertig zu fühlen, wenn wir Erfolg haben. Es kann aber auch sein, dass ihre Beweggründe durchaus positiv sind und sie uns einfach vor einem Misserfolg, vor Kummer und Tränen bewahren wollen.

So oder so, das Ergebnis ist dasselbe: Ihre Mitmenschen reden Ihnen aus, Ihre Träume zu verwirklichen und Ihr Potenzial voll auszuschöpfen.

Das Wichtigste ist, dass Sie diesen Unkenrufen nicht allzu viel Gewicht beimessen. Hören Sie sich die Kommentare Ihrer Mitmenschen an, sofern es sich – aus Respekt ihnen gegenüber – nicht vermeiden lässt, aber dann sollten Sie lächeln und Ihr Ziel unbeirrt weiterverfolgen.

Und denken Sie daran: Die grundlegende Voraussetzung für Ihren künftigen Erfolg besteht darin, dass Sie sich bereitwillig auf genau jene Dinge einstellen, vor denen die Traumdiebe Sie so eindringlich warnen – auf Misserfolg, Kummer und Tränen.

All diese Dinge werden sich als wichtige Meilensteine auf Ihrem Weg zum Erfolg erweisen, denn im Grunde genommen sind sie nichts anderes als ein untrügliches Zeichen dafür, dass Sie das Richtige tun.

3.
MACHEN SIE EINFACH DEN ERSTEN SCHRITT ...

Jedes große Abenteuer und jede
großartige Lebensreise beginnt
mit einem ersten Schritt.

Wenn Sie am Fuße eines Berges stehen, können Sie in den seltensten Fällen den Weg zum Gipfel klar erkennen. Schließlich ist er viel zu weit entfernt und der Weg schlängelt sich, durch zahlreiche Hindernisse verborgen, bergaufwärts. **Die einzige Möglichkeit, wie Sie diese Riesenaufgabe bewältigen und Ihr Ziel erreichen können, besteht darin, den ersten Schritt zu machen – und dann müssen Sie beständig einen Fuß vor den anderen setzen, immer einen Schritt nach dem anderen machen.**
Es gibt da ein schönes Zitat von Martin Luther King Jr., das ich sehr mag:

„Mach den ersten Schritt im Vertrauen. Du brauchst nicht den ganzen Weg zu sehen. Mach einfach den ersten Schritt."

Das ist ein guter Ratschlag.
Wenn Sie zu einer langen und schwierigen Reise aufbrechen, um sich Ihren Traum zu erfüllen, können Sie unmöglich jedes Hindernis auf dem Weg zu Ihrem Ziel vorhersehen oder etwa jeden glücklichen Zufall vorausahnen. Allerdings werden Sie feststellen, dass Sie mit jedem Schritt an Erfahrung, Weitblick, Können und Selbstvertrauen gewinnen – und all das wird Ihnen letztlich dabei helfen, Ihr Ziel zu erreichen.
Erfahrung, Weitblick, Können und Selbstvertrauen können Sie freilich nur dann gewinnen, wenn Sie sich auch auf den Weg machen. Verstehen Sie allmählich, wie das Ganze funktioniert? Manchmal kommt uns die bevorstehende Reise allerdings so beängstigend und das Ziel so unerreichbar vor, dass wir erst gar nicht den Mut aufbringen, den ersten Schritt zu wagen. Außerdem sind wir auch nie um eine gute Ausrede verlegen: Entweder ist jetzt nicht der richtige Zeitpunkt oder wir haben ohnehin so gut wie keine Chance, oder aber das hat sich zuvor noch nie jemand getraut.

Jede Wette, dass nicht nur Neil Armstrong (der erste Mann auf dem Mond) , sondern auch Sir Edmund Hillary (der erste Mann, der auf dem Gipfel des Mount Everest stand) oder etwa Thomas Edison (der Tausend und Abertausend Versuche unternahm, um eine funktionstüchtige Glühlampe zu entwickeln) ebenfalls eine lange Liste an Ausreden hätten bemühen können, um ihre Reise vor sich herzuschieben.

Und ich kann Ihnen versichern, dass sie alle auf ihrem Weg zum Ziel so manches Mal an ihren Fähigkeiten gezweifelt haben.

Wissen Sie, was das Traurige an der Sache ist? Dass die meisten Menschen nie herausfinden, was sie tatsächlich zu leisten imstande sind, weil der Gipfel vom Fuß des Berges aus betrachtet so Furcht einflößend auf sie wirkt, dass sie den Aufstieg erst gar nicht wagen. Schließlich ist es leichter, von oben hinunterzuschauen als von unten hinauf.

Wenn Leute mir ihre „Gründe" darlegen, warum sie ein großartiges Abenteuer nicht in Angriff nehmen können, muss ich oft an dieses kurze, aber sehr ausdrucksstarke Gedicht des britischen Dichters Christopher Logue denken:

Kommt doch herauf zum Gipfelgrat

Wir könnten abstürzen

Kommt doch herauf zum Gipfelgrat

Das ist viel zu hoch!

Kommt doch herauf zum Gipfelgrat

Und dann kamen sie herauf

Und wir beflügelten sie

Und sie flogen

18

Sobald Sie den Mut aufbringen, den ersten Schritt über Ihre selbst auferlegte Grenze hinauszuwagen, werden Sie – das möchte ich einmal behaupten – ganz bestimmt feststellen, dass auch Sie in der Lage sind zu fliegen.

Wenn Sie es denn schaffen, diesen allerersten Schritt zu machen, um die Verwirklichung Ihrer Träume in Angriff zu nehmen – das heißt, wenn Sie dieses enorme Selbstvertrauen aufbieten können, um die Reise zu Ihren ganz persönlichen Lebensträumen anzutreten –, werden sich Ihnen ganz neue Möglichkeiten eröffnen.

Von jedem ersten Schritt geht eine unglaublich magische Wirkung aus. Danach nehmen die Dinge einfach ihren Lauf.

Denn dann geht es für Sie im Grunde nur noch darum, Ausdauer zu beweisen und den Weg zu Ende zu gehen– das heißt, optimistisch zu bleiben, nicht aufzugeben, den richtigen Leuten zu vertrauen, auf Ihre innere Stimme zu hören, zu tun, was andere nicht tun wollen oder können, und Ihr Ziel niemals aus den Augen zu verlieren.

Doch dieses Buch hält noch sehr viel mehr gute Ratschläge für Sie bereit …

4.
VERWIRKLICHEN SIE IHRE TRÄUME, ABER JAGEN SIE NICHT DEM GELD HINTERHER

Wir leben in einer Gesellschaft, in der Erfolg gern mit Geld gleichgesetzt wird. Allerdings erweist sich das immer wieder als Trugschluss.

Ich habe schon eine Menge unglücklicher Millionäre kennengelernt und weiß deshalb, dass Geld allein nicht glücklich macht. Ich habe Menschen gesehen, die so hart arbeiten, dass sie überhaupt keine Zeit mehr für ihre Familie haben (oder gar Zeit, das ganze Geld zu genießen).

Sie zweifeln an der Aufrichtigkeit ihrer Freunde oder werden krankhaft misstrauisch, weil sie glauben, dass man sie bestehlen will.

Reichtum kann einen Menschen allzu leicht dazu verleiten, dass er sich schuldig und wertlos fühlt, außerdem kann sich Geld letztlich als schwere Bürde erweisen – vor allem dann, wenn man mit diesem unbeständigen Blender nicht richtig umzugehen versteht.

Streng genommen ist Geld an sich – genauso wie Erfolg oder Misserfolg – nichts, was von bleibender Bedeutung wäre. Denn wenn es unser Leben nachhaltig verändern soll, kommt es einzig und allein darauf an, was wir mit diesem Geld „machen" und wie wir damit umgehen.

Geld kann – genauso wie Erfolg oder Misserfolg – das Leben eines Menschen entweder grundlegend verbessern oder es komplett ruinieren. Daher sollten Sie Geld stets als das betrachten, was es ist – als Mittel zum Zweck. Und genau deshalb sollten Sie auch immer die Kontrolle darüber behalten – das heißt, Sie sollten das Geld beherrschen und nicht umgekehrt.

Für viele reiche Menschen ist es nicht Erfüllung genug, dass sie ihren ganz persönlichen Mount Everest bezwungen haben – sprich, ihre Träume verwirklicht und Erfolge erzielt haben. Und sie haben recht damit. Denn es reicht nicht aus, um unser starkes Verlangen nach einem tieferen Sinn und Zweck unseres Lebens zu befriedigen. (Aber darüber werden wir an späterer Stelle noch ausführlicher sprechen.)

Im Wesentlichen sollten Sie also darauf achten, Ihren Erfolg auf einem soliden Fundament – auf Stein und nicht auf Sand –

aufzubauen, denn viel Geld zu besitzen, wird Sie als alleiniges Lebensziel nie wirklich glücklich und zufrieden machen.

Daher sollten Sie gründlich überlegen und besonnen entscheiden, was Sie sich für Ihr Leben wünschen. Denn wenn Sie die richtigen Entscheidungen treffen, werden viele positive Dinge auf Sie zukommen. Seien Sie also darauf vorbereitet, wenn sich der Erfolg einstellt.

Geld kann zwar durchaus dazu beitragen, Ihnen die Reise angenehmer zu machen, aber es kann Sie keinesfalls vor möglichen Schwierigkeiten oder Rückschlägen auf dem Weg zum Ziel bewahren.

Von Milliardär John Paul Getty stammt der berühmte Satz: „Für eine glückliche, funktionierende Ehe würde ich alles geben, was ich besitze." Diese Aussage ist äußerst aufschlussreich. Denn mit Geld können Sie zwar viele, aber nicht alle Probleme lösen. **Im Grunde verleitet Geld – genauso wie Erfolg – Menschen dazu, sich selbst und ihr Leben übermäßig wichtig zu nehmen, aber wenn sie dann noch ihr Leben nach den falschen Wertvorstellungen ausrichten, trägt ihr Geld letztlich nur dazu bei, ihre Lebenssituation weiter zu verschlechtern.**

Hingegen kann Geld, wenn Sie die Sache richtig angehen, unglaublich segensreich sein.

Deshalb möchte ich Ihnen ans Herz legen, immer mal wieder auf Seite *15* an den Anfang des Buches zurückzublättern. Richten Sie Ihre ganze Aufmerksamkeit auf Ihren Traum. Verlieren Sie ihn nie aus den Augen, denn wenn Sie ihn verwirklichen, werden Sie unermesslich reich sein …, allerdings lässt sich dieser Reichtum nicht in Geldbeträgen ausdrücken.

Zum Schluss möchte ich Ihnen noch ein kleines Geheimnis anvertrauen: Wenn Sie sich mit Leib und Seele Ihrem Traum verschreiben, wenn Sie vor Begeisterung sprühen und Ihre Fähigkeiten geschickt einsetzen (ganz gleich, wie scheinbar unbedeutend oder wenig ausgeprägt sie am Anfang vielleicht auch sein mögen), dann werden Sie feststellen, dass das Geld meist ganz automatisch zu Ihnen kommt. Doch wenn Sie nur dem Geld hinterherjagen, wird es meistens davonfliegen wie ein Schmetterling.

Nehmen Sie also Ihren Traum in Angriff und bauen Sie Ihre Fähigkeiten stetig weiter aus, verbessern Sie das Leben Ihrer Mitmenschen und halten Sie entgegen aller Widrigkeiten an Ihrem Traum fest, dann werden Sie feststellen – da bin ich mir absolut sicher –, dass Sie nie wieder Geldsorgen haben werden.

Versuchen Sie daher, nicht immer nur ans Geld zu denken, sondern konzentrieren Sie sich vielmehr auf Ihre Reise. Und natürlich sollten Sie Ihre Zeit und Energie nicht einzig und allein dafür aufwenden, um Reichtum anzuhäufen.

Arbeiten Sie mit Leib und Seele an der Verwirklichung Ihrer Träume, und Sie werden ein rundum glückliches und erfülltes Leben führen.

Haben Sie ein wenig Geduld, dann werden Sie schon sehen, was Sie alles erreichen können, wenn Sie Ihre Träume in Angriff nehmen.

5.
SEIEN SIE SELBST DER BEGEISTERUNGS-FÄHIGSTE MENSCH, DEN SIE KENNEN

Als ich noch ein kleiner Junge war, haben meine Eltern mir ein paar prima Ratschläge mit auf den Weg gegeben (nebst einer gehörigen Portion Schelte, wenn ich mich mal wieder wie ein Dummkopf benommen habe, aber das ist eine andere Geschichte!). Doch mein verstorbener Vater hat mir eine einzigartige Lebensweisheit vermittelt, die meine geistige Haltung und meine Denkweise weitaus mehr beeinflusst hat als nahezu alles andere, nämlich diese:

Wenn du es schaffst, dich zum begeisterungsfähigsten Menschen zu entwickeln, den du kennst, dann kannst du eigentlich nicht mehr viel falsch machen.

Diesen Satz sagte mein Vater immer mit einem eigenartigen Lächeln, so als ob er mir etwas mitteilen wollte, von dem eine unendliche Macht ausgeht. Und er hatte recht damit.

Leidenschaftliche Begeisterung sorgt sehr oft für den entscheidenden Unterschied: Sie ist eine Kraftquelle in schwierigen Zeiten, sie spornt unsere Mitmenschen an, sie ist hochgradig ansteckend und wird ganz schnell zur Gewohnheit!

Genau diese leidenschaftliche Begeisterung ist wiederum dafür verantwortlich, dass wir in alles, was wir tun, ein Quäntchen mehr Herzblut und Energie investieren – denn sehr oft im Leben entscheidet diese kleine extra Portion an Herzblut über Erfolg oder Misserfolg; durch sie schaffen wir es, unsere Träume zu verwirklichen.

Das Leben eines Menschen kann meiner festen Überzeugung nach durch leidenschaftliche Begeisterung in so starkem Maße positiv beeinflusst werden, dass dies im Grunde genommen als Unterrichtsfach im Lehrplan jeder Schule verankert werden sollte. Schließlich gehört diese Fähigkeit zu den Kernkompetenzen, die clevere Arbeitgeber von ihren Mitarbeitern erwarten. (Begeisterungsfähigkeit ist in der Tat etwas, auf das ich sehr großen Wert lege, wenn ich meine Expeditionsteilnehmer aussuche.)

Stellen Sie sich einmal vor, Sie führen ein Vorstellungsgespräch und der Bewerber erzählt Ihnen, dass er sehr gern früh aufsteht, um als Erster am Arbeitsplatz zu sein; dass er seinen Mitmenschen gern mit einem freundlichen Lächeln den Tag versüßt und seinen Kollegen eine Tasse Tee bringt, um gute

Laune zu verbreiten. Und dass er letztlich nur eine Chance will, um Ihnen zu beweisen, dass er nicht nur hart arbeiten kann, sondern auch bereit ist, sich über das normale Maß hinaus zu engagieren und immer 150 Prozent zu geben.

Wow! Da denken Sie doch nur, prima, wann können Sie anfangen? Ich würde diesem Kandidaten jederzeit eine Chance geben und ihn einem Bewerber mit besserem Abiturzeugnis vorziehen.

Nun ja, für den Anfang können Sie Begeisterungsfähigkeit belohnen und mit gutem Beispiel vorangehen.

Eine der wichtigsten Aufgaben bei meiner Arbeit mit den Pfadfindern ist es, ihre leidenschaftliche Begeisterung zu wecken. Wenn ich Kindern, die in der Schule nicht allzu gut vorankommen, die Botschaft vermitteln kann, dass sie sich hervortun und eine Eins im Spiel des Lebens bekommen können, indem sie jederzeit mit leidenschaftlicher Begeisterung bei der Sache sind – und zwar insbesondere in schwierigen Situationen, wenn andere jammern –, dann weiß ich, dass ich damit den ausschlaggebenden Unterschied in ihrem künftigen Leben bewirken kann.

Erfolg entsteht fast immer aufgrund einer positiven inneren Einstellung. Die beiden ziehen einander regelrecht an.

Sie mögen vielleicht nicht der Schnellste, der Fitteste, der Cleverste oder Stärkste sein, doch nichts und niemand kann Sie daran hindern, der begeisterungsfähigste Mensch zu sein, den Sie kennen. Es kommt nur auf Ihren Willen an, mit Begeisterung alles zu geben und sich so von der breiten Masse ein wenig abzuheben.

Zeigen Sie jeden Tag leidenschaftliche Begeisterung, auch wenn Ihnen vielleicht nicht danach ist. Jeder von uns kann seine innere Einstellung selbst bestimmen, doch einer der besten Gründe, warum man sich für eine positive Denkweise entscheiden sollte, ist die Alternative – das heißt, wenn Sie sich nicht für eine positive innere Einstellung entscheiden, dann besitzen Sie eine negative oder, was noch schlimmer ist, eine gleichgültige, stumpfsinnige, neutrale Einstellung.

Wenn Sie also auf eine innere Einstellung angewiesen sind, um jeden Tag Ihres Lebens zu bewältigen, könnten Sie sich auch genauso gut für eine positive Einstellung entscheiden und Ihre Begeisterungsfähigkeit für alle Zeiten zu einer treibenden Kraft in Ihrem Leben machen.

Ihre Mitmenschen werden Sie dafür lieben und in guter Erinnerung behalten.

Letzten Endes arbeitet wohl jeder gern mit begeisterungsfähigen Menschen zusammen, oder?

Ich auf jeden Fall.

6.
SAGEN SIE JA

Wenn Sie im Leben erfolgreich sein wollen, kommt es in erster Linie darauf an, dass Sie bereit sind, „Wieso eigentlich nicht?" zu sagen, wo andere nur „Wieso eigentlich?" sagen.

Ich habe die Erfahrung gemacht, dass viele Menschen sich zurücklehnen, die Arme verschränken und sagen: „Wieso sollte ich das tun?". Dadurch lassen sie sich letztendlich fantastische Chancen entgehen.

Doch ein Champion – jemand, der das Leben erfolgreich zu meistern versteht – schwimmt immer gegen den Strom und wählt immer den weniger ausgetretenen Pfad. Allerdings bedeutet das auch, dass Sie lernen müssen „Wieso eigentlich nicht?" zu sagen anstatt „Wieso eigentlich?".

Diese Einstellung ist gerade dann besonders wichtig, wenn Sie noch am Anfang Ihrer Karriere stehen oder planen, Ihren Traum zu verwirklichen. Wenn Sie also wirklich diese tolle Perle finden wollen, müssen Sie sich schon auf die Suche begeben und fleißig jede Menge Austern öffnen! **Sie müssen viele verschiedene Dinge ausprobieren, eine Menge Leute kennenlernen, mit Leuten über total verrückte Angebote reden und sich ansonsten ganz auf Ihr Leben konzentrieren!**

Es ist – insbesondere am Anfang Ihrer Reise – fast immer besser, Ja zu sagen und etwas auszuprobieren, als Nein zu sagen, nur weil Sie Angst davor haben, was ein Ja nach sich ziehen könnte.

Wenn Sie Nein sagen, bedeutet das in den allermeisten Fällen, dass sich rein gar nichts an Ihrer Lebenssituation ändert und alles bleibt, wie es ist. Ein Ja dagegen hat das Potenzial, Ihr Leben zu verändern und in neue Bahnen zu lenken. **Denn erst durch Veränderung schaffen wir die Voraussetzung für Erfolg.**

Ganz nebenbei bemerkt: Der einzige Mensch, der eine Veränderung seiner Lebenssituation stets freudig begrüßt, ist ein Baby mit einer vollen Windel! Klar, Veränderungen machen Angst und sind oft unbequem, doch wenn wir uns selbst verwirklichen und ein erfülltes Leben führen wollen, müssen wir eben unsere Komfortzone verlassen. Deshalb sollten Sie lernen, Veränderungen bereitwillig anzunehmen und sich daran zu gewöhnen. Champions müssen das schließlich jeden Tag aufs Neue tun.

Vor einigen Jahren habe ich eine Expedition zum Mount Everest geleitet und bin zu jenem Berg zurückgekehrt, den ich 1998 im Alter von 23 Jahren bestiegen hatte. Für diesen Gipfeltraum hatte ich damals alles riskiert und ich hatte nur mit knapper Not überlebt. Insgeheim hatte ich immer den Wunsch gehegt, noch einmal zurückzukommen und zu versuchen, den Berg in einem kleinen einsitzigen motorisierten Gleitschirm – ähnlich wie ein Paragleiter, nur mit einem Rucksackmotor, der am Körper befestigt wird – zu überfliegen.

Damals betrug die höchste Flughöhe, die man mit einem motorisierten Gleitschirm erreichen konnte, noch 5.000 Meter. Doch da ich ein ausgesprochen begeisterungsfähiger (und optimistischer) Mensch bin, dachte ich mir, wir sollten nicht nur anstreben, den Rekord um ein paar Höhenmeter zu brechen, sondern wir sollten versuchen, so hoch wie nur irgend möglich zu fliegen – und das hieß für mich, über den Gipfel des Mount Everest. Doch das wiederum bedeutete, dass wir einen Motor konstruieren mussten, der in der Lage war, uns auf eine Höhe von über 8.840 Metern zu bringen.

Die meisten Leute, mit denen wir über unser Vorhaben sprachen, meinten entweder, wir wären wahnsinnig, oder aber, das Ganze wäre technisch unmöglich. Was diese Pessimisten jedoch nicht berücksichtigt hatten, war die unbändige Entschlossenheit und Energie, die von einem Ja ausgeht, und insbesondere die Fähigkeit, ein Team auf die Beine zu stellen, das einer solch ambitionierten Mission gewachsen ist. Das bedeutete also, dass ich zum einen meinen guten Freund Gilo Cardozo mit seinem exzellenten Fachwissen einspannen musste – er entwickelt Motoren für Paragleiter und sprüht nicht nur vor Begeisterung, sondern ist auch jemand, der unheimlich gern Grenzen überschreitet – und zum anderen Ja sagen musste.

Gilo war – und ist – ein absolut genialer Luftfahrtingenieur, der seine ganze Zeit in der Werkstatt seiner Fabrik verbringt und verrückte Motorenteile entwickelt und testet. Auf die Bedenken der Experten, die Ventile unserer Sauerstoffgeräte könnten bei minus 70 Grad Celsius vereisen oder wir bräuchten aufgrund der extremen Höhe einen so großen Motor zum Antrieb des Fluggeräts, dass wir damit unmöglich abheben könnten, oder wir würden uns im Fall eines gelungenen Starts aufgrund der hohen Geschwindigkeit bei der Landung die Beine brechen, entgegnete Gilo nur: „Ach was, das wird schon klappen. Lass mich nur machen."

Ganz egal, welches Hindernis zu überwinden und welches „Problem" zu lösen war, Gilo sagte immer: „Wir kriegen das schon hin." Und nach monatelanger Tüftelei in seiner Werkstatt hatte er schließlich den Spezialmotor konstruiert, mit dem wir den Gipfel des Mount Everest überfliegen konnten. Er hatte die Pessimisten eines Besseren belehrt, das Unmögliche konstruiert und mit der Hilfe Gottes haben wir die Sache durchgezogen – und übrigens haben wir nebenbei mit unserer Aktion noch 2,5 Millionen Dollar für Kinderhilfsorganisationen in aller Welt gesammelt.

Sie sehen, Träume können wahr werden, wenn Sie nur hartnäckig genug daran festhalten und sich Großes zutrauen.

Sagen Sie also Ja – schließlich können Sie nie wissen, wohin dieses Ja Sie führt. Außerdem gibt es nur wenige Grenzen, die Sie nicht überschreiten können.

7.
MUTIG SEIN KANN MAN NUR, WENN MAN ANGST HAT

Mutigsein bedeutet nicht etwa, dass man keine Angst hat. Wirklich mutig und unerschrocken zu sein bedeutet vielmehr, dass man seine Ängste überwindet.

Es ist wohl kaum Mut erforderlich, um sich auf eine Reise zu begeben, bei der das Ziel feststeht und jeder einzelne Schritt auf dem Weg dorthin präzise in der Karte markiert ist. Wenn man jedoch bei Dunkelheit vom Lager aufbricht und nicht weiß, was einen unterwegs erwartet, und auch nicht sicher sein kann, ob man jemals von dieser Reise zurückkehrt, dann erfordert dies echten Mut.

Während meiner Zeit beim Militär brach ich mir bei einem Fallschirmabsturz in Südafrika drei Rückenwirbel. Zurück in England verbrachte ich dann eineinhalb Jahre damit, abwechselnd zu Hause und in einer Rehabilitationseinrichtung für Armeeangehörige verzweifelt an meiner Genesung zu arbeiten. Das war für mich die härteste, dunkelste und furchtbarste Zeit meines Lebens.

Alles war ungewiss, jede Bewegung eine einzige Qual und mein weiteres Leben hing völlig in der Luft. Niemand konnte mir sagen, ob ich in der Lage wäre, jemals wieder richtig zu gehen. Dieser Fallschirmsprung hatte mich meine Karriere gekostet, meine Bewegungsfähigkeit und fast mein Leben. Damals konnte ich mir nicht im Entferntesten vorstellen, jemals wieder mit dem Fallschirm abzuspringen.

Doch nach über sieben Staffeln von *Abenteuer Survival* und *Ausgesetzt in der Wildnis* musste ich mittlerweile mit dem Fallschirm aus fast jedem erdenklichen Fluggerät abspringen: aus Heißluftballons, aus C-130-Militärtransportflugzeugen, aus Hubschraubern, aus Doppeldeckern und aus ausgedienten C-47-Dakota-Militärflugzeugen aus dem Zweiten Weltkrieg. Suchen Sie sich was aus – die Liste ist lang. Aber jeder Sprung kostet mich noch immer sehr viel Überwindung.

Die Nacht davor schlafe ich meistens sehr schlecht, denn erwartungsgemäß plagen mich vor einem anstehenden Sprung jedes Mal wieder die Albträume von meinem Unfall. Das ist eine Wahnsinnsaufgabe, auf die ich mich mental vorbereiten muss, denn sie jagt mir eine Heidenangst ein. Mein Herz rast, meine Hände sind feucht und mein Mund ist staubtrocken. Aber ich muss mich dazu zwingen, mich dieser Angst zu stellen und trotzdem zu springen. Das ist schließlich mein Job. Die Crewmitglieder der Doku-Reihe *Abenteuer Survival* wissen, dass mir das Fallschirmspringen sehr schwerfällt. Und ich weiß genau, dass wenige Minuten, bevor diese Flugzeugtür aufgeht, immer jemand seine Hand auf meine Schulter legt. Das Team weiß, dass ich jedes Mal, wenn wir aufsteigen, einen erbitterten Kampf gegen meine Angst führe, aber es ist nun mal mein Job und ich werde nie zulassen, dass die Angst siegt.

Denn Mut zu haben heißt, sich den Dingen zu stellen, vor denen man sich am meisten fürchtet, und seine Ängste zu überwinden und zu besiegen ..., oder aber sie zumindest eine Zeitlang zu unterdrücken.

Und je größer die Angst ist, desto mehr Mut muss man aufbringen.

Doch eines ist gewiss: Erst wenn wir uns unseren Ängsten stellen, begreifen wir ernsthaft, was es bedeutet, mutig und unerschrocken zu sein.

8.
WER EISERN BIS ZUM ENDE DURCHHÄLT, WIRD GEWINNEN

Jeder erfolgreiche Mensch kann zweifellos auf eine ganze Reihe von Misserfolgen zurückblicken. Allerdings übersehen wir diese Misserfolge wohl meistens (weil wir uns in aller Regel gern von den Erfolgen blenden lassen). Doch um überhaupt erfolgreich zu werden, haben diese Menschen unweigerlich zuerst eine ganz beachtliche Anzahl von „Misserfolgen" wegstecken müssen.

So ist das im Leben nun mal: Um Erfolge feiern zu können, müssen Sie nicht nur hart arbeiten, sondern auch in Kauf nehmen, dass Sie am Anfang einige Misserfolge verkraften müssen.

Das Entscheidende sind aber nicht die Misserfolge, sondern, dass Sie in der Lage sein müssen, Ihr Ziel dennoch unverdrossen weiterzuverfolgen. Denn wie schon Winston Churchill sagte: „Erfolg ist die Fähigkeit, einen Misserfolg nach dem anderen wegzustecken, ohne seine Begeisterung zu verlieren."

Meiner Erfahrung nach besteht der eigentliche Unterschied zwischen einem erfolgreichen und einem erfolglosen Menschen allein in seiner Fähigkeit, stets hartnäckig und unverdrossen sein Ziel zu verfolgen.

Denn die eiserne Entschlossenheit, seinen Weg bis zu Ende zu gehen, ist – genauso wie leidenschaftliche Begeisterung – oftmals eine viel wichtigere Voraussetzung, um Erfolg zu haben, als irgendwelche Qualifikationen oder etwa akademische Titel.

Ich weiß aus eigener Erfahrung, dass die Dinge sich völlig anders entwickelt hätten, wenn ich damals nicht bereit gewesen wäre, entschlossen für die Verwirklichung meines Traums zu kämpfen und all die vielen Fehlschläge und Misserfolge wegzustecken. Heute sind Fehlschläge für mich ein klares Indiz dafür, dass ich auf dem richtigen Weg bin!

Als ich zum Beispiel versuchte, einen Sponsor für meine Everest-Expedition zu gewinnen, kassierte ich etliche Hundert Absagen. Es war so deprimierend, den Misserfolg jeden Tag vor Augen zu haben: wieder eine Absage, wieder eine Niete. Und etliche Male stand ich kurz davor, meinen Traum aufzugeben.

Aber gleichzeitig war ich wild entschlossen, diesen Berg zu besteigen. Also habe ich nicht aufgegeben. Ich habe weiter hartnäckig Klinken geputzt und Briefe geschrieben – und wissen Sie was? Am Ende hatte ich das nötige Geld für die Expedition zusammen.

Die meisten Leute wissen auch nicht, dass ich die SAS Selection, das Auswahlverfahren für den Special Air Service, erst beim zweiten Anlauf geschafft habe.

Menschen reden nicht gern darüber, wenn sie scheitern – sie erinnern sich lieber nur an ihre Erfolge.

Die SAS Selection einmal durchzustehen ist schon hart, aber zum zweiten Mal anzutreten, ist noch sehr viel härter – weil man weiß, dass dieses physisch wie psychisch extrem kraftzehrende Auswahlverfahren einem das Äußerste abverlangt. Es gibt nur wenige, die bereit sind, sich das ein zweites Mal anzutun, denn es tut verdammt weh.

Doch ich hatte mich dafür entschieden, absolut alles daranzusetzen, dass ich die Prüfung bestand. Ich war wild entschlossen, dieses Ziel zu erreichen, koste es, was es wolle.

Also trat ich – wieder – an, zusammen mit 140 anderen Rekruten. Wieder mit der sicheren Gewissheit, dass am Ende nur eine Handvoll von uns übrig bleiben würde. Ich war bereit, absolut alles zu geben, egal wie lange es dauern würde.

Nach elf Monaten, in denen mein Schweiß in Strömen floss, ich mich wie gerädert fühlte und regelmäßig unter Schlafentzug litt, war ich einer von nur vier Rekruten, die die SAS Selection bestanden hatten und in das SAS-Regiment aufgenommen wurden.

Man muss im Leben extrem hartnäckig sein und etliche Male scheitern, um sein anvisiertes Ziel zu erreichen. Gewöhnen Sie sich daran, dass Misserfolg auf dem Weg zum Ziel ein treuer Begleiter ist, und betrachten Sie ihn als das, was er ist:

Ein

Meilenstein

auf dem Weg

zum Erfolg.

37

Dabei war ich keineswegs durchtrainierter oder cleverer als diejenigen, die die Prüfung nicht bestanden haben – ich war einfach nur aufs Äußerste entschlossen, absolut alles dafür zu geben. Ich erinnere mich noch daran, wie ein Rekrut, der während des Auswahlverfahrens das Handtuch warf, sich zu mir umdrehte und sagte: „Weißt du, was der Unterschied zwischen dir und mir ist, Bear? Du bist einfach noch dämlicher als ich." Doch was er als dämlich ansah, war in Wirklichkeit nichts anderes als die Fähigkeit, die extremen Strapazen, die das Auswahlverfahren für uns bereithielt, klaglos durchzustehen. Die Bereitschaft, schwierige Zeiten ohne Murren zu ertragen, um ans Ziel zu gelangen, war nämlich schlichtweg unerlässlich, um diesen Härtetest zu bestehen.

Letztlich habe ich es geschafft und der andere nicht – obwohl er als Soldat deutlich besser qualifiziert und sehr viel erfahrener war als ich damals.

Sie sehen, wenn man aufgibt, hat man schon verloren. Solange Sie aber eisern durchhalten, haben Sie auch eine Chance, Ihr Ziel zu erreichen.

Das Leben belohnt diejenigen, die einen eisernen Willen haben, nicht diejenigen, die die bessere Ausbildung haben.

Es ist genauso, wie Harrison Ford einmal sagte: „Wer eisern bis zum Ende durchhält, wird gewinnen."

9.
DAS KLEINE EXTRA-QUÄNTCHEN EISERNER WILLENSSTÄRKE

Dreimal dürfen Sie raten, was der Unterschied ist zwischen einem Rennpferd, das eine Million Pfund Sterling wert ist und einem, das 100 Pfund Sterling wert ist.

Na, offensichtlich wird das Pferd mit einem Wert von einer Million Pfund Sterling wohl 10.000 Mal schneller sein als das Pferd, das 100 Pfund Sterling wert ist. Oder? Das ist doch absolut lächerlich. Ist es etwa nur zehnmal schneller? Keineswegs. Doppelt so schnell? Unwahrscheinlich. Bestenfalls wird der Unterschied nur ein paar Sekunden betragen. Meistens liegt bei einem Pferderennen nur eine Nasenlänge zwischen dem ersten und dem vierten Platz.

Und im Leben ist das ganz genauso.

Zwischen einem Sieger und einem „Versager" gibt es keine wirklich großen Unterschiede: Jeder hat ein Gehirn, eine Lunge zum Atmen, zwei Augen, zwei Ohren und einen Mund. Vielmehr sind es die kleinen Dinge, die einen Sieger von einem Verlierer unterscheiden.

Sehr viele Pferde – und auch die meisten Menschen – haben nur das Zeug, um im Leben den vierten Platz zu erreichen. Diejenigen aber, die wissen, dass sie jenes kleine Extra-Quäntchen eiserner Willensstärke mobilisieren müssen, um noch das Allerletzte aus sich herauszuholen, wenn es hart auf hart kommt, während die anderen nach und nach aufgeben, das sind die Gewinner.

Ich werde nie den Tag vergessen, an dem ich die SAS Selection endlich bestanden hatte. Am Ende dieses langwierigen, zermürbenden Auswahlverfahrens, bei dem aus 140 Rekruten so lange ausgesiebt wurde, bis am Ende nur noch vier übrig waren, wurde mir auf einmal klar, dass ich einer von ihnen war und nun darauf wartete, endlich mein SAS-Abzeichen zu bekommen.

Allerdings entpuppte sich dieser große Moment als das wohl unspektakulärste Ereignis, das man sich nur vorstellen kann. Er ging ohne großes Trara, ohne Blaskapelle und ohne glanzvolle Parade über die Bühne. Nur die vier, die von uns noch übrig waren, standen – kaputt, ausgelaugt, geschunden und total erschöpft – in einem kleinen Raum in einem unauffälligen Nebengebäude am äußeren Ende des Ausbildungslagers in

Hereford, aber wir waren so überglücklich, dass wir vor lauter Stolz fast platzten. Der Kommandeur des Regiments kam herein, trat auf uns zu und sagte die folgenden Worte, die ich nie vergessen habe:

„Ab heute seid ihr Teil der SAS-Familie. Ich weiß, was ihr leisten musstet, um euch das Recht zu verdienen, hier zu stehen. Der Unterschied zwischen euch vier und den anderen, die diese Prüfung nicht bestanden haben, liegt auf der Hand: Ihr besitzt die außergewöhnliche Fähigkeit, jenes kleine Extra-Quäntchen eiserner Willensstärke zu mobilisieren, das nötig ist, um bis ans Äußerste eurer Leistungsfähigkeit zu gehen, wenn es hart auf hart kommt. Denn wenn alle anderen aufgeben, gebt ihr noch lange nicht auf – und genau dadurch unterscheidet ihr euch: durch dieses kleine Extra-Quäntchen an eiserner Willensstärke."

Dann fügte er noch hinzu: „Die Aufgaben, die ich euch nun übertragen werde, werden nicht weniger kraftzehrend sein, eher im Gegenteil, denn was unsere Aufgabe als Spezialeinheit so speziell macht, ist unsere Fähigkeit, dieses kleine Extra-Quäntchen an Willensstärke aufzubieten, wo die meisten anderen nicht den Biss haben und einfach aufgeben.

Ihr habt noch das Letzte aus euch herausgeholt, als andere schon längst aufgegeben hatten. Genau darin liegt der Unterschied."

Diese kurze Ansprache hat mich tief beeindruckt und ich habe sie nie vergessen. Es waren sehr einfache Worte, aber sie gaben einem jungen Soldaten wie mir, der nicht gerade ausgesprochen selbstbewusst war, etwas, woran ich mich festhalten konnte.

Und seit damals habe ich in vielen extrem schwierigen Situationen diesen Grundsatz befolgt – ob im Dschungel, in der Wüste, in den Bergen oder im Alltag –, stets jenes kleine Extra-Quäntchen eiserner Willensstärke aufzubieten.

Denn wenn wir unsere Träume verwirklichen wollen, müssen wir nur ein kleines bisschen mehr geben und länger durchhalten, als die meisten Menschen bereit sind, auf sich zu nehmen. Nur dieses kleine Extra-Quäntchen eiserner Willensstärke mehr, nur diese eine Nasenlänge mehr.

10.
GEBEN SIE
NIEMALS AUF

Wenn es jemanden gab, der ganz
genau wusste, wie extrem wichtig es für
den Erfolg eines Vorhabens ist, dass man
unverdrossen an seinem Ziel festhält,
dann war das Sir Winston Churchill.

Es heißt, dass er einmal an der bekannten Harrow School eine Rede gehalten hat, indem er einfach aufstand und sagte: „Gebt niemals auf, nie, nie, nie. Gebt niemals auf!"

Er wusste, dass dieser simple Grundsatz letztlich über Erfolg oder Misserfolg entscheidet.

Es spielt keine Rolle, welche Ziele Sie im Leben erreichen wollen. Wenn Sie die Fähigkeit besitzen, sich durchzubeißen und nicht gleich aufzugeben, wenn es mal schwierig wird, grenzen Sie sich damit nicht nur von anderen ab, sondern haben auch das Zeug dazu, ein viel aufregenderes, glücklicheres, erfolgreicheres und sehr erfülltes Leben zu führen.

Denn gerade jene eiserne Willensstärke und unbeirrbare Entschlossenheit, jene Hartnäckigkeit, sich niemals unterkriegen zu lassen, versetzt Sie in die Lage, Lebensträume zu verwirklichen, für deren Umsetzung den meisten Menschen der Mumm fehlt.

Aber genau das macht das Leben ja erst richtig interessant.

Und wenn Sie der Meinung sind, Sie hätten bereits alle Möglichkeiten ausgeschöpft, dann horchen Sie mal tief in sich hinein und merken Sie sich vor allem eines: Es gibt immer einen Weg!

Die endgültige Entscheidung, ob Sie weiterhin am Ball bleiben oder aufgeben, liegt natürlich immer bei Ihnen selbst. Niemand kann Sie dazu zwingen aufzugeben. Und Churchill wusste zum Glück, dass diese unbeirrbare Hartnäckigkeit sich auszahlt.

„Gebt niemals auf, nie, nie, nie. Gebt niemals auf!"

Das war seine ganze Rede – mehr brauchte er gar nicht zu sagen.

Es war die kürzeste und weiseste Botschaft, die er damals an jene Schüler weitergeben konnte – zumal jeder Schüler am eigenen Leib spüren konnte, wie immens wichtig diese Botschaft in einem vom Krieg gebeutelten Land war.

Gebt niemals auf, nie, nie, nie.

Gebt niemals auf!

11.
ES GIBT KEINEN BESSEREN LEHRMEISTER IM LEBEN ALS WIDRIGE UMSTÄNDE

1941, als Großbritannien die düstersten
Tage des Zweiten Weltkriegs durchlebte,
sagte Churchill zu einer Generation junger
Menschen: Dies sind glanzvolle Tage –
die glanzvollsten Tage, die unser Land je
erlebt hat.

Doch warum hat Churchill diesen jungen Menschen gesagt, dass jene düsteren, ungewissen, lebensgefährlichen und die Freiheit bedrohenden Zeiten gleichzeitig die besten Tage ihres Lebens seien?

Weil er wusste, dass wir erst in schwierigen Zeiten und unter extremen Bedingungen begreifen, was wir tatsächlich zu leisten imstande sind.

Es gibt wohl kaum ein schöneres Gefühl, als zu erkennen, dass man sehr viel mehr leisten und sehr viel mehr ertragen kann, als man sich das jemals zugetraut hätte. Denn nur, wenn wir durch eine harte Schule gehen, lernen wir, zu welchen außergewöhnlichen Höchstleistungen wir fähig sind.

Es ist zwar ein Klischee, aber es stimmt: **Diamanten entstehen nur unter Druck. Denn ohne Druck verwandelt sich auch der schönste Klumpen Kohle nicht in einen Diamanten.**

Am besten fahren Sie im Leben, wenn Sie Schwierigkeiten als Ihren Freund, Ihren Lehrer und Ihren Ratgeber betrachten.

Die Stürme des Lebens zerren zwar an uns, aber sie machen uns auch stärker.

Es ist absolut unmöglich, seinen Traum zu verwirklichen, ohne dass man zuvor ein paar Stolpersteine aus dem Weg räumen muss. Doch diese Stolpersteine sind – das werden Sie im Lauf der Zeit begreifen – nichts weiter als ein eindeutiges Anzeichen dafür, dass Sie sich auf dem richtigen Weg befinden

Glauben Sie mir: Wenn Sie einen Weg ohne Hindernisse finden, führt er zu keinem erstrebenswerten Ziel – so viel kann ich Ihnen versichern.

Machen Sie sich also auf Schwierigkeiten und auf Hindernisse gefasst, dann werden Sie Ihr Ziel auch erreichen.

Dies ist der Auftakt zu den glanzvollsten Tagen Ihres Lebens ...

12.
ERKENNE
DICH
SELBST

Die heiligste Kult- und Weissagungsstätte
im antiken Griechenland war das Orakel von
Delphi. Könige, Feldherren und Gesandte
pilgerten aus der ganzen damals bekannten
Welt nach Delphi, um die Prophezeiungen des
Orakels zu hören.

Über dem Eingang des Apollo-Tempels in Delphi war eine Inschrift angebracht, die jeden erschöpften Pilger mit den Worten begrüßte:

Erkenne dich selbst.

Diese simple Lebensweisheit galt als wichtigste Erkenntnis, die jeder Mensch über sich erlangen konnte. Denn um zu verstehen, was das Orakel prophezeite, musste man zuerst in der Lage sein, sich selbst zu verstehen.

Und zwar aus gutem Grund: Wenn wir nicht wissen, was uns tief in unserem Inneren bewegt, wenn wir unsere Träume, Stärken und Schwächen nicht kennen, wie wollen wir dann die Erfüllung finden, die wir suchen? Dann gleicht unser Leben einem Schiff ohne Steuermann.

Und genau deshalb ist es so wichtig, dass Sie erkennen, wer Sie sind. Denn diese Erkenntnis hilft Ihnen dabei, Entscheidungen zu treffen, die Sie glücklicher und zufriedener machen. Sie können sich dann nämlich Ziele stecken, die voll und ganz Ihren Wünschen und Fähigkeiten entsprechen.

Aber wie stellen Sie es an, Ihr wahres Selbst zu erkennen?

Zunächst einmal sollten Sie sich unbedingt ein wenig Zeit nehmen, um ganz allein im stillen Kämmerlein Ihren Gedanken nachzuhängen. Verzichten Sie darauf, sich die wohlmeinenden Ratschläge und Kommentare von Freunden und Familienmitgliedern anzuhören, die Ihre Lebensziele in hohem Maße beeinflussen. Lassen Sie sich Zeit, um in aller Ruhe in sich hineinzuhorchen und Ihren Herzenswunsch zu erkennen. Sonst werden andere Sie mit ihren Vorstellungen überrollen, wie Sie Ihr Leben am besten gestalten sollten. Ich bin mir sicher, dass die Ratschläge Ihrer Familie zwar gut gemeint sind und auf tiefer Zuneigung beruhen. Das heißt aber nicht zwangsläufig, dass deren Ratschläge, was Ihre Berufswahl und Lebensziele angeht, sich auch mit Ihren eigenen Vorstellungen decken müssen.

Es ist schließlich Ihr Leben. Nur Mut, trauen Sie sich was. Investieren Sie Ihre Zeit und Energie in Dinge, die Ihnen Spaß machen. Hören Sie auf Ihre innere Stimme, ergründen Sie Ihre Träume – sie sind ein Geschenk Gottes.

Sie werden feststellen, dass Sie über ganz bestimmte grundlegende Fähigkeiten verfügen, dass es Dinge gibt, die Sie gut können. Konzentrieren Sie sich auf diese Fähigkeiten und bauen Sie diese weiter aus. Denn Ihr Lebensziel, Ihre Träume und Sehnsüchte gehen oft Hand in Hand mit Ihren angeborenen Fähigkeiten.

Schon in der Bibel (Psalm 139, 14) steht geschrieben, dass wir Menschen eine wunderbare, einzigartige Schöpfung Gottes sind.

Machen Sie sich also bewusst:

Sie sind auf eine erstaunliche, ausgezeichnete Weise gemacht.

In anderen Worten: Es ist kein Zufall, dass Sie bestimmte Dinge gut können!

Der zweite Schritt, um Ihr wahres Selbst zu erkennen, besteht nun darin, dass Sie sich selbst auf die Probe stellen. Stürzen Sie sich auf neue Herausforderungen. Wagen Sie sich an schwierige Aufgaben. Finden Sie heraus, was Sie antreibt, was Ihnen das Gefühl gibt, lebendig zu sein, und gehen Sie an Ihre Grenzen, damit Sie erkennen, was in Ihnen steckt.

Bevor ich mich damals an die Besteigung des Mount Everest wagte, habe ich meine Ersparnisse zusammengekratzt, um mich an der Besteigung der Ama Dablam – eines knapp 7.000 Meter hohen Berges in der Khumbu-Region des Himalajas – zu versuchen, denn dafür war neben den klassischen alpinistischen Fähigkeiten ein hervorragendes klettertechnisches Können erforderlich. Während der Ama Dablam-Expedition bin ich dann wochenlang allein geklettert: Ich habe meine Kopfhörer aufgesetzt und mich voll und ganz auf jeden Schritt und jeden Griff konzentriert.

Ich war im Einklang mit mir selbst und ich war im Einklang mit dem Berg. Es gab nur noch den Berg und mich.

Diese Expedition gab mir die Chance, meine Grenzen neu zu definieren. Ich ertappte mich schließlich dabei, dass ich meine Grenzen auslotete, denn ich war bereit, meine Risikobereitschaft ein wenig zu erhöhen.

Ich begann, meine Hand ein wenig weiter auszustrecken, um mir den nächsten Haltepunkt zu suchen, indem ich vorsichtig auf den beiden schmalen horizontalen Frontalzacken meiner Steigeisen balancierte und ein paar riskante Kletteraktionen hinlegte –, und ich machte schnell gute Fortschritte. Ich tastete mich immer weiter an die Grenzen meiner Fähigkeiten sowohl hinsichtlich meiner Klettertechnik als auch meiner Kondition heran und war in meinem Element.

Als ich den Gipfel erreichte und voll Ehrfurcht beobachtete, wie in der Ferne – etwa 15 Kilometer nördlich – allmählich der Gipfel des Mount Everest erkennbar wurde, da wusste ich, dass ich das Zeug hatte, auch seinen Gipfel zu ersteigen.

Der englische Schriftsteller William Blake sagte einmal:

Wenn Mensch und Berg sich treffen, ereignen sich große Dinge, die sich im Gedränge der Straßen nicht verwirklichen lassen.

Er hatte recht damit. Damit wir wirklich unser wahres Selbst erkennen können, benötigen wir Zeit und Raum und große Schwierigkeiten. Doch das finden wir nicht immer im Alltagstrott, wenn wir den Kopf hängen lassen, weil wir die Träume von anderen leben.

Sie haben jederzeit die Möglichkeit, Ihre ganz persönliche Herausforderung zu meistern und Ihren Platz im Leben zu finden.

Dazu brauchen Sie nicht in den Dschungel zu ziehen und auch nicht in den Himalaja zu reisen – denn dieser Platz ist kein realer Ort; er existiert vielmehr in unseren Gedanken, in unserem Geist.

Überall werden wir mit unseren selbst auferlegten Grenzen konfrontiert, mit jenen hohen Bergen und großen Zielen, die uns Überwindung kosten, sie in Angriff zu nehmen. Doch erst wenn wir unsere Grenzen austesten, können wir nach und nach unser wahres Selbst erkennen.

13.
REITEN LERNT MAN ERST, WENN MAN EIN PAAR MAL VOM PFERD GEFALLEN IST

Als ich ein kleiner Junge war, sind mein Vater und ich oft reiten gegangen. Dann haben wir uns immer ein paar Pferde gemietet und sind an den Stränden der Isle of Wight entlanggeritten, wo ich den Großteil meiner Kindheit verbracht habe. Diese gemeinsamen Ausritte gehören zu meinen schönsten Kindheitserinnerungen, auch wenn ich dabei etliche Male vom Pferd gefallen und auf den nassen, harten Sand geplumpst bin.

Doch jedes Mal, wenn ich kurz davor war loszuheulen, fing mein Vater an, mir Beifall zu klatschen.

Er klatschte, weil ich vom Pferd gefallen war?

Aber wieso?

Mein Vater wollte mir beibringen, dass ich erst dann wirklich reiten lerne, wenn ich zuvor ein paar Mal vom Pferd gefallen bin – dass ich erst dann eine Sache gut beherrsche, wenn ich mich intensiv darin geübt habe.

Das heißt, beim Reiten wird es hin und wieder vorkommen, dass wir abgeworfen werden, kopfüber im Schlamm landen und den Boden küssen.

Im Leben ist das auch nicht viel anders.

Das ist eine wichtige Lektion für nahezu jede Unternehmung, die wir uns im Leben aussuchen: Ganz gleich, wofür Sie sich entscheiden, sofern es etwas Lohnenswertes ist, wird es aller Wahrscheinlichkeit nach auch mit Schwierigkeiten verbunden sein. Dann fallen wir eben ein paar Mal auf die Nase. Doch hin und wieder unverhofft aus dem Sattel geworfen zu werden, ist zwangsläufig ein wichtiger Bestandteil des Lernprozesses, wenn man ein guter Reiter werden will.

Denn eins gehört nun mal dazu, wenn man eine Sache gut beherrschen will: Man darf keine Angst davor haben, Fehler zu machen.

Aus diesem Grund sollten Sie unausweichliche Rückschläge und Missgeschicke einfach als wichtige Stationen im Lernprozess betrachten.

Denn gerade wenn wir Fehler machen und auf die Nase fallen, lernen wir sehr viel schneller und effektiver, was wir machen müssen, um fest im Sattel zu bleiben.

14.
REISEN SIE MIT LEICHTEM GEPÄCK: NEHMEN SIE NUR DAS NÖTIGSTE MIT

Mittlerweile sind wir an dem Punkt unserer Reise angelangt, wo ich Ihnen gern ein paar grundlegende Regeln und wichtiges „Know-how" mit auf den Weg geben möchte, damit Sie die zahlreichen Hindernisse, die noch vor Ihnen liegen, erfolgreich bewältigen können.

Das Wichtigste vorweg: Es gibt „gute" Ausrüstung, die für Ihre Reise unverzichtbar ist, und es gibt „schlechte". Die „gute" ist die Liste, die Sie nach und nach zusammenstellen. Die „schlechte" besteht aus jenen Dingen, die Sie zurücklassen müssen. Letztlich möchte ich, dass Sie mit einer supereffizienten und absolut zweckmäßigen Ausrüstungsliste ausgestattet sind, bestehend aus soliden Grundsätzen, auf denen Sie Ihr Leben und Ihre Entdeckungsreise aufbauen können.

Lassen Sie mich Ihnen erklären, warum Sie stets darauf achten sollten, dass Ihre Ausrüstungsliste keinen unnötigen Ballast enthält: Wenn Sie auf eine Expedition gehen, werden Sie ganz bestimmt nicht mehr Ausrüstung mit sich herumschleppen wollen als unbedingt nötig. Denn unnötige Ausrüstung ist einfach zusätzliches Gewicht – aber durch zu viel schweres Gepäck kommen Sie nur langsam voran. Schließlich hat meine TV-Doku-Reihe auf die Zuschauer schon allein deshalb eine so große Anziehungskraft, weil ich ihnen demonstriere, dass man im Grunde nichts weiter als eine Flasche Wasser, ein ordentliches Messer und ein paar wichtige Grundkenntnisse braucht, um in der freien Natur zu überleben.

Die Kernbotschaft ist, dass es vor allem auf unsere innere Einstellung ankommt, denn die größte Kraft- und Energiequelle steckt in uns selbst.

Wenn Sie also über die richtigen Fähigkeiten und die richtige Einstellung verfügen, haben Sie schon fast alles, was Sie zum Überleben brauchen.

Normalerweise kann man leicht erkennen, wer zum ersten Mal an einer Expedition teilnimmt, denn das sind diejenigen mit dem schwersten Rucksack – vollgestopft mit Kochutensilien, Kleidung und jeder Menge überflüssigem Zeug, das sie einfach nicht brauchen. Tag für Tag schleppen die Leute dann dieses zusätzliche Gewicht mit sich herum, und wenn es regnet und wenn sie frieren und aus dem letzten Loch pfeifen, kann dieser überflüssige Ballast ihnen den Rest geben.

Das habe ich nur allzu oft miterlebt – auf Pfadfindertouren, auf großen Expeditionen und bei Dreharbeiten.

Die Kunst, seine Ausrüstung effizient zu packen, ist eine wesentliche Voraussetzung für die erfolgreiche Teilnahme an einer Expedition. Und dasselbe gilt auch für das Leben.

Doch zuallererst müssen wir uns vor Augen führen, wie die meisten Menschen sich für das Leben „rüsten".

Im Laufe der Jahre bin ich sehr vielen Menschen begegnet, die einen Riesenberg an Minderwertigkeitsgefühlen mit sich herumtragen, von denen sie regelrecht erdrückt werden.

Vielleicht ist ja der Druck der elterlichen Erwartungen verantwortlich dafür, dass diese Menschen sich eher für einen Beruf entscheiden, den sie scheinbar ergreifen „sollten", anstatt einen Beruf zu wählen, den sie „lieben". Oder vielleicht plagen sie tief sitzende Zukunftsängste oder etwa die Angst, was andere Leute bloß von ihnen denken könnten, wenn sie sich für einen eher ungewöhnlichen oder weniger „angesehenen" oder einträglichen Broterwerb entscheiden.

Ganz gleich wie dieser „Rucksack" aussieht – viele Menschen schleppen diesen unnötigen Ballast mit sich herum und sind im Unterbewusstsein fest entschlossen, ihr Leben danach auszurichten, was ihnen einige wichtige Bezugspersonen im Laufe der Jahre suggeriert haben, wozu sie das Zeug haben und wozu nicht. Auch wenn diese „unbequemen Wahrheiten" überhaupt nicht zutreffen!

Viele Menschen haben schon in sehr jungen Jahren extrem viele negative Dinge gesagt bekommen, und diese Negativbotschaften prägen uns.

„Du bist ein Nichtsnutz; du bist ein Dummkopf; du bist ein Versager; du bist eine Enttäuschung..." – um nur einige Beispiele zu nennen. Doch diese Behauptungen sind schlichtweg falsch.

An dieser Stelle möchte ich Ihnen sagen, dass diese Bürde

nicht zwangsläufig prägend für Ihr Leben sein muss.

Ja, vielleicht haben Sie eine Sache vergeigt. Na und? Wem ist das noch nicht passiert? Aber das macht aus Ihnen noch lange keinen Versager. „Sie sind ein Dummkopf." Nein, das sind Sie nicht. Sie haben einfach eine Prüfung in den Sand gesetzt, weil Sie sich wahrscheinlich nicht intensiv genug darauf vorbereitet haben!

Erkennen Sie jetzt, was Sie tun müssen, um sich von diesem „Rucksack" zu befreien?

Was das Thema Fehler und Misserfolg angeht – bleiben Sie weiter hartnäckig am Ball.

Was die Prüfungen angeht – lernen Sie fleißiger. Beides sind Fähigkeiten, die Sie beeinflussen können. Das ist die gute Nachricht. Und was die Beschimpfungen angeht, die Sie ertragen mussten – glauben Sie mir, sie treffen nicht zu und deshalb sollten Sie sich dieses Etikett auch nicht länger anheften lassen.

Fangen Sie noch einmal von vorn an. Werfen Sie unnötigen Ballast ab. Nehmen Sie nur das Nötigste mit.

15.
BEFREIEN
SIE SICH VON
UNNÖTIGEM
BALLAST

Bevor wir jedoch tiefer in das Thema ein-
steigen, sollten wir jetzt die Gelegenheit
nutzen, uns vielleicht, ja nur vielleicht, ein-
zugestehen, dass wir mitunter selbst ein
wenig mitschuldig sind, wenn wir – anstatt
uns auf unsere eigenen Lebensträume zu
konzentrieren – die Lebensträume leben,
die andere sich für uns ausdenken.

Denn jetzt ist der perfekte Zeitpunkt, um „Stopp!" zu sagen, damit Sie fortan nie wieder aus Angst oder aus Rücksichtnahme auf die Erwartungen anderer ein fremdbestimmtes Leben führen.

Es fällt uns zwar nie leicht, uns diesen alten negativen Gefühlen zu stellen, aber es ist gut, wenn wir unser „Reisegepäck" genau überprüfen und immer wieder neu entscheiden, was wir für unsere Abenteuerreise durch unser Leben brauchen und was nicht.

Denn je mehr „schlechte" Ausrüstung wir mit uns herumschleppen, desto langsamer kommen wir voran und desto kürzer wird unsere Reise.

Schließlich kann jeder selbst entscheiden, welches Leben er führen will.

Denn in dem Augenblick, da wir all den negativen Ballast abwerfen und nur mit leichtem Gepäck reisen, kommt Bewegung in unser Leben.

Als Allererstes – da wette ich mit Ihnen – werden Sie mehr lachen, sich weniger Sorgen machen und wahrscheinlich viel eher den Mumm haben, Ihren Traum zu verwirklichen.

Wenn wir nämlich mit leichtem Gepäck reisen, haben wir den Kopf frei, um uns auf unsere Abenteuer und unsere berufliche Karriere zu konzentrieren. Wir haben den Kopf frei, um unserer inneren Stimme zu lauschen. Wie oft kommt es vor, dass sich uns großartige Chancen bieten, doch wir sind viel zu „beschäftigt" oder vielleicht auch zu zynisch, um diese Chancen überhaupt zu erkennen, geschweige denn, durch diese Tür zu gehen, die sich für uns öffnet und hinter der sich etwas Neues und Aufregendes verbirgt.

Es gibt einen Ausspruch von Winston Churchill (ja, der schon wieder!), in dem er etwa sinngemäß sagte, dass jeder Mensch einmal in seinem Leben die Chance bekommt, sein Glück zu machen, aber dass nicht jeder diese Chance ergreift.

Doch wenn eine Bürde schwer auf Ihnen lastet, Sie den Kopf hängen lassen und negative Emotionen Sie blockieren, werden Sie vermutlich diese eine Chance verpassen.

Kontrollieren Sie also nicht nur umsichtig, welche Ausrüstung Sie in Ihrem „Rucksack" mit sich herumtragen, sondern gleichzeitig auch Ihre Lebenseinstellung. Denn diese „Ausrüstung" beeinflusst Ihr Leben nachhaltig.

Wird Ihre Ausrüstung dazu beitragen, Ihr Leben zu bereichern, und Ihnen ermöglichen, Ihren Traum zu verwirklichen? Oder werden Sie so schwer an ihr zu tragen haben, dass Sie kaum vorankommen?

Wenn man seinen Rucksack gut packen will, muss man nach einem strengen Prinzip verfahren. Gehen Sie also klug und rigoros vor: Nehmen Sie nicht mit, was Sie nicht unbedingt brauchen – weg damit. Sorgen Sie dafür, dass Ihr Rucksack möglichst leicht bleibt.

Wir können unsere Ansichten und Einstellungen in den kleinen alltäglichen Dingen nur ganz allmählich ändern. Wenn Sie auf einmal feststellen, dass Sie in der gewohnten negativen Weise über jemanden oder etwas denken, halten Sie einfach inne.

Denken Sie nach.
Kontrollieren Sie Ihre Ausrüstung.
Ändern Sie Ihre Einstellung.
Fangen Sie noch einmal ganz von vorn an.

Aufgabe erledigt. Lächeln. Und weiter geht's.

Wenn Sie das nur oft genug machen, können Sie sich ändern – zum Besseren, zum Stärkeren.

Das Motto der Pfadfinder ist simpel: Allzeit bereit. Wenn Sie also wirklich allzeit bereit sein wollen für die Dinge, die das Leben Ihnen zu bieten hat, dann reisen Sie mit leichtem Gepäck, seien Sie stets offen für Neues, packen Sie das Positive ein und werfen Sie das Negative über Bord. Ergreifen Sie sofort jede Chance, wenn sie sich Ihnen bietet.

Denn dann sind Sie in aller Regel auf die großen Abenteuer des Lebens gut vorbereitet.

16.
SORGEN
BEREITEN
SORGEN

Mick Crosthwaïte, einer meiner ältesten Kumpels, mit dem ich schon zusammen beim SAS war und den Everest bestiegen habe, gab mir einmal diesen guten Rat: „Mach dir keine Sorgen um Dinge, die du ohnehin nicht beeinflussen kannst."

Oder anders ausgedrückt: **Zerbrechen Sie sich nicht den Kopf über Dinge, die Sie nicht ändern können.**

Denken Sie mal darüber nach. Worüber machen Sie sich eigentlich am meisten Sorgen? Sind Sie in der Lage, diese Dinge zu beeinflussen oder nicht? Denn die meisten von uns machen sich Sorgen oder kriegen die Krise wegen irgendwelcher Dinge, auf die sie überhaupt keinen Einfluss haben – Dinge, an denen sie sowieso nichts ändern können.

Micks Rat hat mir die Augen geöffnet, denn ich habe eingesehen, dass ich mir einfach nicht länger den Kopf über Dinge zerbrechen sollte, die ich ohnehin nicht beeinflussen kann. Deshalb sollten Sie Ihre Zeit und die Kraft Ihrer Gedanken auch nicht damit vergeuden, über Dinge zu sinnieren, die Sie nicht ändern können, sondern sie viel lieber dazu nutzen, um positive Veränderungen zu bewirken, wo immer sich Ihnen die Möglichkeit dazu bietet. Das ist ein sehr kluger Rat, allerdings beherzigen ihn die meisten Menschen nicht.

Mark Twain hat einmal den berühmten Satz gesagt, dass er den Großteil seines Lebens damit verbracht habe, sich Sorgen über Dinge zu machen, die niemals eingetreten sind. Ich denke mal, dass es den meisten Menschen vermutlich genauso geht. Und genau das ist wohl einer der Gründe, warum nur wenige sich trauen, ihre Träume zu verwirklichen. Sie scheuen das Risiko … sicher ist eben sicher.

Ängste und Sorgen – die mit Erlebnissen in der Vergangenheit verknüpft sind oder die in Zukunft vielleicht nie eintreten – belasten und blockieren uns.

Werfen Sie die Sorgen über Bord, wann immer Sie können.

Jesus sprach sehr viel darüber, dass man sich keine Sorgen machen soll, dabei war er jemand, der durchaus ein paar triftige Gründe hatte, sich Sorgen zu machen. Immerhin stand ihm bevor, dass er den grausamen Tod am Kreuz sterben und dabei den Schmerz und die Last der Schuld jeder begangenen Sünde und jedes sündigen Gedankens der gesamten Menschheit auf sich nehmen sollte. Das war eine enorme Bürde, die er zu tragen hatte!

Und dennoch sagte er: „Werft eure Sorgen auf mich, denn ich sorge für euch."

Diesen Bibelvers sollten Sie sich merken, denn mir hat er schon etliche Male geholfen, Zeiten großer Sorge voll Zuversicht zu überstehen.

Selbst wenn es Ihnen schwerfällt zu glauben und selbst wenn Sie die christliche Lehre in allen Einzelheiten noch nicht so richtig verstanden haben, versuchen Sie es dennoch, einfach nur so! Was haben Sie denn schon zu verlieren, abgesehen von einem kleinen bisschen Stolz? (Schließlich ist zu viel Stolz ohnehin nicht gut.)

Wenn Sorgen Sie quälen, dann nehmen Sie doch einfach das Versprechen des Herrn für sich in Anspruch. Schließen Sie Ihre Augen und legen Sie Ihre Sorgen in seine Hände. **Er hat nämlich im Laufe der letzten paar Tausend Jahre die fantastische Angewohnheit entwickelt, simple, aufrichtige und von Herzen kommende Gebete zu erhören.**

Legen Sie Ihre Sorgen in seine Hände und lassen Sie sie los.

Zum Schluss möchte ich Ihnen noch einen letzten Denkanstoß mit auf den Weg geben. Denken Sie immer an diese Worte: **Die Vergangenheit ist Geschichte, die Zukunft ein Geheimnis, doch die Gegenwart ist ein Geschenk, das sich vor unseren Augen entfaltet – jetzt und hier.**

Sie müssen lernen, in der Gegenwart zu leben.

Umarmen Sie sie, genießen Sie sie, nutzen Sie sie, schätzen Sie sie.

Sie dauert nicht ewig.

17.
ZELTE
REPARIEREN
SICH NICHT
VON SELBST

Auf meiner allerersten Bergwanderung
– bei einem Schulausflug in den Snow-
donia-Nationalpark in Wales – habe ich
eine sehr nützliche Lektion über Zelte
und auch über das Leben gelernt.

Es war schon nach Mitternacht, als wir unseren Lagerplatz erreichten, und es goss in Strömen. Wir waren alle total durchnässt und todmüde und wollten nur noch unsere Zelte aufbauen und hineinkriechen. Doch da wir es eilig hatten – und zudem sehr unerfahren waren – erledigten wir unsere Arbeit nach der Hoppla-hopp-Methode und mehr schlecht als recht, damit wir so schnell wie möglich fertig wurden und ins Trockene krabbeln konnten. Doch dann kam, was kommen musste – gegen drei Uhr morgens nahm die Katastrophe ihren Lauf.

Ich wachte von einem lauten Plopp auf – ein Zelthering war gebrochen –, dann folgte jenes leise Geräusch, das eine völlig durchnässte Zeltplane macht, die in sich zusammensackt. Das macht schon nichts, sagte ich mir – schließlich sind ja die übrigen Heringe und Abspannschnüre noch intakt.

Dann haben mein Freund Watty und ich uns umgedreht, uns den Schlafsack über den Kopf gezogen und uns eingeredet, dass alles in bester Ordnung wäre.

Doch da jetzt natürlich eine Abspannschnur zur Stabilisierung des Zeltes fehlte, waren die übrigen Abspannschnüre in dem starken Wind einer so immensen Belastung ausgesetzt, dass auch die restlichen Heringe plötzlich mit einem entsetzlich lauten Krachen nachgaben.

Es war stockfinstere Nacht, als Watty und ich uns auf einmal, begraben unter einem Haufen nasser, kalter Zeltplane, mitten in einer Kuhle aus Matsch wiederfanden. All unsere Sachen waren klitschnass, wir waren total durchgefroren und während der restlichen Zeit unseres Ausflugs verging kein Augenblick, in dem wir uns nicht gewünscht hätten, wir hätten unsere Arbeit gleich von Anfang an sorgfältig erledigt – oder wären zumindest aus unseren Schlafsäcken herausgekrochen und hätten den ersten gebrochenen Hering durch einen neuen ersetzt.

Was ich daraus gelernt habe, ist sehr einfach: Wenn du eine Arbeit erledigen musst, dann mach sie gut.

Meine Mutter sagte immer:

Wenn du eine Aufgabe anfängst, dann bring sie gefälligst auch zu Ende. Ob groß oder klein, mach deine Sache gut oder lass es sein.

Eine clevere Frau. Ein kluger Ratschlag. Und wenn Sie sich daran halten, sind Sie in allem, was Sie tun, sehr viel produktiver, als wenn Sie Ihre Arbeit nur halbherzig und mittelmäßig erledigen – der schlimmste Feind des Erfolgs.

Denn wenn Sie Ihre Arbeit gleich von Anfang an richtig machen, können Sie sich sicher sein, dass alles, was Ihre Handschrift trägt, gewissenhaft und mit der gebührenden Sorgfalt erledigt ist. Und wenn dann der Wind ein bisschen an Ihrem Zelt zerrt, brauchen Sie sich auch keine Sorgen zu machen, dass er es gleich in Stücke reißt. Das wiederum stärkt Ihr Selbstvertrauen. Denn mit Selbstvertrauen in Ihre Fähigkeiten kommen Sie viel schneller ans Ziel.

Machen Sie also Ihre Arbeit auf Anhieb richtig und machen Sie sie gut.

18.
JEDER IST SEINES EIGENEN GLÜCKES SCHMIED

Ich liebe diese einfachen Lebensweisheiten. Jeder ist seines Glückes
Schmied – das sagt doch eigentlich
schon alles.

Aber Hand aufs Herz: Wie viele Menschen kennen Sie, die immer dann, wenn etwas in ihrem Leben schiefläuft, von anderen die Lösung ihrer Probleme erwarten? Es ist ein gängiges Phänomen: Diese Menschen meinen doch tatsächlich, es wäre ihr „gutes Recht", von anderen zu erwarten, dass diese für sie sorgen und sie von vorne bis hinten bemuttern. Denn sie glauben allen Ernstes, es wäre anderer Leute Aufgabe, sich darum zu kümmern, dass sie ihr Leben auf die Reihe kriegen.

Es kann doch nie und nimmer sein, dass sie sich etwa selbst darum kümmern müssen?!

Jetzt verstehen Sie mich bloß nicht falsch. Viele Menschen brauchen – ganz ernsthaft – Hilfe. Und wenn wir im Leben wirklich „erfolgreich" sein wollen, muss es unsere Berufung sein, jenen Menschen mit Liebe und Hilfsbereitschaft zu begegnen, die Not leiden und die verzweifelt versuchen, einem regelrechten Teufelskreis aus Armut, Krankheit oder Gewalt zu entfliehen. Denn wahrer Erfolg gründet sich in erster Linie immer auf Hilfsbereitschaft. (Darauf werde ich später in einem gesonderten Kapitel noch näher eingehen.)

Doch jene Art von „Hilfsbedürftigkeit", die ich hier meine, hat nichts mit echter Hilfsbedürftigkeit zu tun, denn hierbei geht es nur darum, dass manche Menschen andere dafür einspannen wollen, für sie die Schwerstarbeit zu erledigen. Das ist im Grunde nichts anderes als Bequemlichkeit oder Faulheit.

Im Allgemeinen ist bei uns Menschen die Erwartungshaltung weit verbreitet, dass jemand anderer – sei es der Chef, der Lehrer oder die Regierung – schon einschreiten werden, um unsere Gesundheits-, Wohlstands- und gesellschaftlichen Probleme zu lösen.

Doch eine der wichtigsten Lektionen im Überlebenstraining heißt, Eigenverantwortlichkeit zu lernen. Das bedeutet: Wenn niemand Ihnen zu Hilfe eilen kann, liegt es allein in Ihrer Hand, die Situation in den Griff zu kriegen. Denn von dieser Eigenverantwortlichkeit geht eine unglaubliche Einfachheit, Ehrlichkeit, Selbsterkenntnis und Kraft aus.

Schließlich können Sie niemanden sonst dafür verantwortlich machen, in welcher Lebenssituation Sie sich befinden. Es gibt keinerlei Ausreden mehr. **Es gibt nur noch die innere Gewissheit, dass Sie sich selbst in diese Situation hineinmanövriert haben und dass Sie – sofern Sie etwas daran ändern wollen – sich nun auch selbst aus dieser Situation herausmanövrieren müssen.**

Doch wenn Sie sich aus dieser Lebenssituation befreien wollen, müssen Sie aktiv werden und handeln. Und zwar sehr aktiv. Sie müssen täglich gute, zielführende Entscheidungen treffen und danach handeln. Sie müssen unermüdlich aktiv sein und handeln, und zwar ganz gleich, ob es regnet, ob Sie viel lieber noch ein bisschen länger im Bett bleiben würden, ob Zweifel an Ihnen nagen, ob Sie scheitern oder ob Ihre Chancen ziemlich schlecht stehen.

Handeln ist der Schlüssel zum Erfolg. Nur wenn Sie handeln, können Sie etwas bewegen.

Nehmen Sie Ihren Mut zusammen, atmen Sie tief durch und machen Sie sich auf den Weg. Dann werden Sie feststellen, dass Sie Ihrem Lebenstraum immer näher kommen.

Wenn Sie das tun, sind Sie im Begriff, Ihr Abenteuer wirklich zu leben, Ihr Schicksal in die Hand zu nehmen und zu meistern. Sie warten nicht länger darauf, dass andere Ihnen zu Hilfe eilen und Sie unterstützen; Sie erwarten nicht, dass man Ihnen die Lösung Ihrer Probleme auf einem silbernen Tablett serviert. **Sie sind absolut in der Lage, sich selbst zu helfen.**

Jetzt verstehen Sie auch sicher das Sprichwort: „Wer etwas erreichen will, muss auch etwas dafür tun."

Das fühlt sich doch richtig gut an oder nicht? Seine eigenen Entscheidungen zu treffen, sein Leben selbst in die Hand zu nehmen und selbst dafür verantwortlich zu sein.

Jetzt kommt es nur noch darauf an, dass Sie Ihren Weg unbeirrt bis zu Ende gehen!

19.
WER SICH AUF ANDERE VERLÄSST, DER IST VERLASSEN

Sicher kennen Sie dieses
Sprichwort, wonach man sich nur auf
das verlassen soll, was man selbst
gemacht oder nachgeprüft hat.
Wie wahr!

Denn diese schmerzliche Erfahrung habe ich auf Expeditionen schon allzu oft gemacht. Entweder hat es mich selbst erwischt oder ich habe mitbekommen, dass es andere erwischt hat: indem nämlich jeder sich einfach darauf verlassen hat, dass schon jemand anderer die richtige Ausrüstung – ob Seil, Proviant oder Gaskartuschen – mitgenommen hat, um dann mit Schrecken festzustellen, dass jeder vom anderen angenommen hatte, er hätte sie eingepackt!

Einer der Gründe, warum ich Expeditionen oder die Zeit in der Wildnis so mag, ist einfach, weil es dabei auf jede Kleinigkeit ankommt. Schon ein falscher Schritt, eine verpasste Gelegenheit oder eine Fehleinschätzung der Situation kann über Leben und Tod entscheiden.

In so einer Situation wird Ihnen ziemlich schnell klar, dass Sie sich nicht leichtfertig auf Vermutungen verlassen können. Denn wenn letztlich Ihr Leben davon abhängt, ob Sie das richtige Ausrüstungsmaterial mitgenommen haben oder ob Ihr Fallschirm korrekt gepackt ist, begreifen Sie, dass Sie solche Dinge nicht als selbstverständlich voraussetzen können.

Außerdem ist das ein hervorragendes Training für Ihr weiteres Leben. Wenn es um etwas Wichtiges geht, dann prüfen Sie es nach – verlassen Sie sich nicht blind darauf, dass irgendjemand sich schon darum gekümmert hat. **Vielleicht kommen Sie sich ein bisschen blöd vor, wenn Sie immer wieder dieselben nervigen Fragen stellen, aber denken Sie dran: Vertrauen ist gut, Kontrolle ist besser, denn nur so gehen Sie immer auf Nummer sicher!**

Meistens hindert uns unser Stolz daran, die „dummen" Fragen zu stellen, allerdings kenne ich eine Menge „cleverer" Leute, die auf Expeditionen über ihren Stolz gestolpert und dabei so richtig auf die Nase gefallen sind. Denn wenn Sie erfolgreich an einer Expedition teilnehmen wollen, ist es ausgesprochen wichtig, dass Sie einen klaren Blick haben und wichtige Entscheidungen nicht dem Zufall oder anderen überlassen.

Es gab Zeiten, da hat jeder von uns schon mal daran gezweifelt, ob wir uns noch auf dem richtigen Weg von A nach B befinden. In solchen Momenten fragen wir uns dann: „Sind wir hier oder sind wir etwa hier?"

Die Starrköpfigen gehen unbeirrt weiter „in der Hoffnung" oder „in der Annahme", dass sich diese Frage nach einem guten Kilometer oder zwei von allein klären wird. Doch so funktioniert das in den seltensten Fällen.

Denn allzu oft kann sich schon eine kleine Fehleinschätzung zu einem großen Fehler mit verhängnisvollen Konsequenzen auswachsen, wenn Sie nicht schnell genug reagieren – und dieser Grundsatz gilt nicht nur beim Bergsteigen, sondern auch im täglichen Leben.

Es gibt eine gute Faustregel, die Sie auf dem Weg durchs Leben beherzigen sollten: Wenn Sie Zweifel haben, ob Sie noch auf dem richtigen Weg sind, bleiben Sie stehen, orientieren Sie sich neu und bitten Sie andere um Hilfe, wenn Sie sie benötigen. Glauben Sie mir: Vorsicht ist besser als Nachsicht.

Auf einer Expedition würde jedes Teammitglied viel lieber um Rat gefragt werden, als stillschweigend mit anzusehen, wie der Expeditionsleiter alle in die Irre führt.

Außerdem habe ich die Erfahrung gemacht, dass Menschen im Grunde genommen nicht nur sehr hilfsbereit sind, sondern auch sehr gern um Rat gefragt werden. **Legen Sie also Ihren Stolz ab und lassen Sie sich von anderen helfen.** Jeder, der Erfolg hat, konnte nur deshalb so erfolgreich werden, weil viele andere ihm geholfen und ihn auf seinem Weg nach oben mit Rat und Tat unterstützt haben.

Setzen Sie nichts als gegeben oder selbstverständlich voraus, seien Sie bescheiden und scheuen Sie sich nicht, andere um ein klein wenig Hilfe zu bitten, wenn Sie Hilfe nötig haben.

20.
WER
SEINE TRÄUME
VERWIRKLICHEN
WILL, MUSS
OPFER BRINGEN

Eine simple Lebensweisheit lehrt uns, dass wir, sofern wir unsere Träume tatsächlich verwirklichen wollen, etwas lieb Gewordenes aufgeben müssen – sei es unser „unbeschwertes" Leben, unsere allabendlichen Kneipenbesuche, unser Lieblingsessen oder unsere Freizeit.

Wer erfolgreich sein will, muss Opfer bringen. Daran sollten Sie sich schon mal gewöhnen.

Während all meine Freunde noch studierten, hatte ich den Entschluss gefasst, mich für die Teilnahme am Auswahlverfahren des 21. Regiments der SAS-Reserveeinheit anzumelden. Ich lebte in einem ehemaligen alten Hotelgebäude zusammen mit ein paar prima Kumpels und wir führten ein absolut geniales Studentenleben – wir haben Party gemacht, herumgelungert und die Mädels angebaggert – Sie wissen schon, was ich meine.

Es war eine tolle Zeit, allerdings merkte ich ziemlich schnell, dass ich einige Dinge – genau genommen eine Menge Dinge – würde aufgeben müssen, wenn ich die SAS Selection allen Ernstes bestehen wollte: die Studentenpartys, bis mittags faul im Bett zu liegen, die scharfen Curry-Gerichte, den Wein, das sorgenfreie Leben und all die Annehmlichkeiten, die eine Wohnung so zu bieten hat …

Denn letzten Endes waren diese Dinge allesamt nicht mit meinem Vorhaben vereinbar, diese Prüfung zu bestehen und in den Special Air Service – eine Spezialeinheit der britischen Armee – aufgenommen zu werden. Aber andererseits waren mir diese Dinge auch nicht so wichtig wie der Stolz, den ich darüber empfinden würde, etwas so Einzigartiges erreicht zu haben.

Nur wenige machen überhaupt den Versuch, denn nur wenige trauen sich das zu. Schließlich wollen die meisten ihr bequemes Leben nicht aufgeben.

Denken Sie einmal an Ihren Lieblingssportler. Ich kann Ihnen versichern, dass er als Teenager jede Minute im Fitnessstudio verbracht hat, kilometerlange Trainingsläufe gemacht hat oder stundenlang Bälle an die Wand geschlagen hat. Denn gut wird man nur, indem man sich mit Leib und Seele einer Sache verschreibt.

Es ist kein Geheimnis: Nur wer mit eiserner Willensstärke und unbeirrbarer Entschlossenheit sein Ziel verfolgt, wird am Ende belohnt.

Opfer zu bringen, tut weh, und das ist auch der Grund dafür, warum so viele den bequemen Weg wählen. Was die meisten Menschen aber übersehen, ist die Tatsache, dass von dieser Opferbereitschaft eine große Kraft ausgeht. Denn wenn Sie oft auf Dinge verzichtet haben, die Sie gern gemacht hätten, werden Sie sich noch viel mehr ins Zeug legen, um Ihr angestrebtes Ziel zu erreichen. Es ist ein Wechselspiel zwischen Yin und Yang.

Ich betrachte diese Opferbereitschaft gern als eine Art Energiequelle, die mich antreibt, damit ich das Ziel meiner Wünsche erreiche. Je mehr Opfer Sie bringen, desto mehr Zeit und Energie haben Sie, um sich ganz und gar auf Ihr Ziel zu konzentrieren.

Opfer zu bringen, ist nie leicht, vor allem dann nicht, wenn man genau weiß, dass es Dinge sind, die man schmerzlich vermissen wird. **Allerdings möchte ich Sie gern dazu ermutigen, sich für den Weg zu entscheiden, der Sie am Ende mit Stolz erfüllt.**

Es gibt eine wunderbare Zeile in dem Gedicht „Der nicht gegangene Weg" des amerikanischen Dichters Robert Frost, in der es heißt: „Zwei Waldeswege trennten sich und ich – ich ging und wählt' den stilleren für mich – und das hat all mein Leben umgedreht."

Möchten Sie etwas Außergewöhnliches in Ihrem Leben erreichen? Möchten Sie einer von wenigen oder einer von vielen sein?

Wenn Sie etwas Außergewöhnliches erreichen wollen, müssen Sie sich zwangsläufig für einen Weg entscheiden, den die meisten Menschen nicht zu beschreiten wagen.

Das kann zwar beängstigend, andererseits aber auch aufregend sein. Und diese Entscheidung hat ihren Preis. Machen Sie sich das bewusst. Wägen Sie gut ab. Sind Sie wirklich bereit, diesen Preis zu zahlen? Dieses Opfer zu bringen? Denken Sie stets daran:

Schmerz vergeht – Stolz bleibt.

21.
ZU SCHEITERN BEDEUTET NICHT, DASS MAN EIN VERSAGER IST

Ich bemühe mich, nach Möglichkeit nie das Wort „Versagen" zu benutzen. Denn Versagen existiert im Grunde genommen nur in unseren Gedanken. Ich wähle stattdessen eine andere Bezeichnung, wie etwa „ein unbefriedigendes Ergebnis" oder noch besser: „Ein Meilenstein auf dem Weg zum Erfolg."

Die meisten Menschen neigen leichtfertig dazu, andere als „Versager" abzustempeln. Sie haben überhaupt keine Hemmungen, laut und deutlich darauf hinzuweisen, wenn andere es nicht schaffen, ihre Lebensträume zu verwirklichen.

Aber nur kleine Menschen streben danach, andere Menschen herabzuwürdigen. Lesen Sie einmal, wie scharfsinnig der ehemalige amerikanische Präsident Theodore Roosevelt beschreibt, welchen Menschen er wahre Anerkennung im Leben zollte:

Es ist nicht der Kritiker, der zählt; nicht derjenige, der aufzeigt, wo der starke Mann strauchelt oder wo der rührige Mensch etwas hätte besser machen können. Die Anerkennung gebührt vielmehr demjenigen, der wirklich und leibhaftig in der Arena steht, dessen Gesicht mit Staub, Schweiß und Blut verschmiert ist und der tapfer kämpft, [...] der im bestem Fall am Ende den Triumph einer großen Leistung erfährt und im schlimmsten Fall, sofern er scheitert, doch nur scheitert, weil er Außerordentliches gewagt hat, und deshalb wird sein Platz im Leben auch niemals neben jenen leidenschaftslosen und furchtsamen Seelen zu finden sein, die weder Sieg noch Niederlage kennen.

Denn Feiglinge kritisieren ihre Mitmenschen vor allem deshalb, damit sie sich ihnen gegenüber besser fühlen können, zumal sie ja selbst überhaupt nicht den Mumm aufbringen, irgendetwas Verwegenes zu wagen. Daher ist es am klügsten (allerdings oft auch am schwersten), ihre kritischen Bemerkungen einfach zu ignorieren. Oder ein noch besserer Vorschlag: Nutzen Sie deren Kritik als Motivation, um Ihren Ehrgeiz noch weiter anzustacheln. Jeder von uns muss Kritik einstecken, und wir alle müssen mit unseren „Misserfolgen" und den Bewertungen dieser „Misserfolge" durch unsere Mitmenschen leben. Aber

Sie sollten versuchen, dies nicht persönlich zu nehmen. Betrachten Sie diese Kritik als Indiz dafür, dass Sie auf dem richtigen Weg sind.

Denn Kritik bedeutet, dass Sie da sind, wo Sie sein sollten: Sie sind in der Arena, Sie kämpfen sich weiter voran und haben den nächsten Meilenstein auf Ihrem Weg zum Erfolg erreicht.

Edmund Hillary und Neil Armstrong – die Namen dieser Männer sagen Ihnen sicher etwas – sind das größte Risiko eingegangen und haben den höchsten Preis für ihr Scheitern in Kauf genommen. Denn wenn sie nicht bereit gewesen wären, das Risiko auf sich zu nehmen und der Gefahr des Scheiterns ins Auge zu sehen, wäre die Geschichte über die Besteigung des Mount Everest und den ersten Mann auf dem Mond eine völlig andere. Sie sehen, wenn alles so einfach wäre, könnte jeder erfolgreich sein. **Denn gerade durch das Risiko, verbunden mit der Möglichkeit des Scheiterns, bietet sich uns die Chance, erfolgreich zu sein.** Und wenn Sie in der Lage sind, mehr Fehlschläge wegzustecken als jeder andere, den Sie kennen, dann wette ich mit Ihnen, dass Sie am Ende auch Erfolg haben werden! Sie müssen scheitern, scheitern und nochmals scheitern. Das klingt seltsam? Eigentlich nicht, denn darin liegt der Schlüssel zum Erfolg.

Machen Sie sich auf den Weg, gehen Sie kalkulierte Risiken ein, arbeiten Sie hart, konzentrieren Sie sich voll und ganz auf Ihr Ziel und seien Sie darauf vorbereitet, richtig durchzustarten, wenn allen anderen die Puste ausgeht.

Dann klopft irgendwann auch der Erfolg an Ihre Tür. Es ist einfach ein Gesetz des Universums und ein wunderbarer Beweis dafür, wie unsere Welt funktioniert.

22.
AKZEPTIEREN SIE FEHLSCHLÄGE – SIE GEHÖREN DAZU

Wenn wir scheitern, lernen wir so viel über uns selbst und über das Leben, dass wir Fehlschläge als etwas Positives betrachten sollten. Das klingt vielleicht ein bisschen schräg, doch erst, wenn wir bereit sind, Fehlschläge bereitwillig zu akzeptieren, sind wir ernsthaft in der Lage, uns auf den Erfolg einzustellen.

Sie wissen doch, dass alles Erstrebenswerte nie leicht zu bekommen ist. Jedes Mal, wenn Sie versuchen, etwas Neues, etwas Schwieriges oder Außergewöhnliches auszuprobieren, wird man Ihnen todsicher die Tür vor der Nase zuschlagen, werden Freunde sich über Ihr Vorhaben lustig machen und Ihre Gesprächspartner genervt den Telefonhörer aufknallen.

Alle möglichen Leute werden Ihnen mit Ablehnung begegnen und Sie enttäuschen.

So oder so, Sie müssen einen Weg finden, wie Sie mit Fehlschlägen umgehen. Ich mache das, indem ich einen Fehlschlag als einen wichtigen Meilenstein auf dem Weg zu meinem Ziel betrachte. **Jedes Mal, wenn ich einen Misserfolg verbuchen muss, tröste ich mich mit dem Gedanken, dass ich damit meinem Ziel einen weiteren Schritt näher gekommen bin.**

In diesem Zusammenhang fällt mir eine Geschichte ein, die ich einmal gehört habe: Ein Vater sagte zu seinem Sohn, dass er, wenn er im Leben erfolgreich sein wolle, dieses Ziel in Angriff nehmen und 22 Mal scheitern müsse – denn erst wenn er 22 Fehlschläge vorzuweisen habe, würde er mit ihm noch einmal über das Thema Erfolg reden.

Nun, ich bin mir zwar nicht sicher, warum er ausgerechnet 22 Mal sagte, aber immerhin spiegelt diese Einstellung auf wunderbare Weise ein eher unübliches Verhalten in unserer Gesellschaft wider. Der Vater muss gewusst haben, dass sein Sohn – sobald er 22 Fehlschläge weggesteckt hätte – irgendwann auch unweigerlich Erfolg haben musste.

Fallen Sie auf dem Weg zum Erfolg getrost ein paar Mal auf die Nase. Nutzen Sie die Chance und erkennen Sie das Positive – an all den 22 Fehlschlägen, die Sie am Ende zum Erfolg führen werden.

Wir leben in einer Welt, in der Traumdiebe uns ausreden wollen, etwas Außergewöhnliches zu wagen, weil angeblich das Risiko zu hoch ist und wir jederzeit Gefahr laufen zu scheitern. Doch jedes große Abenteuer lebt nun mal von der Risikobereitschaft und der Möglichkeit zu scheitern. Aber gerade darum geht es ja – sonst wäre es schließlich kein Abenteuer!

Dann machen Sie sich mal auf den Weg und fangen Sie an, fleißig „Fehlschläge" wegzustecken ...

23.
WÜRDIGEN SIE DEN WEG UND NICHT DAS ZIEL

Als unser Expeditionsteam vom Mount Everest zurückkehrte, wurde uns meistens zuerst die Frage gestellt: „Habt ihr es bis auf den Gipfel geschafft?"

Ich hatte Glück – unglaubliches Glück –, dass ich diesen schwer zu bezwingenden Gipfel erreicht hatte und daher die Frage nach der erfolgreichen Gipfelbesteigung mit „Ja" beantworten konnte. Meinem besten Kumpel Mick fiel es ungleich schwerer, diese Frage zu beantworten, weil ein simples „Nein" nicht einmal ansatzweise der unglaublichen Geschichte seines Gipfelversuchs gerecht geworden wäre.

Es mag schon sein, dass er es nicht bis ganz nach oben auf den Gipfel des Mount Everest geschafft hat, aber doch immerhin so gut wie. Drei Monate lang sind wir Tag und Nacht Seite an Seite geklettert. Und als Mick hoch oben in der Todeszone Probleme bekam, hatte er wahren Heldenmut und Größe bewiesen, denn er war tapfer und fest entschlossen weitergeklettert, bis ihn nur noch 90 Höhenmeter vom Gipfel trennten.

Aber irgendwie zählte das wohl in den Augen jener Leute nicht, die ironischerweise die unbedeutende Frage stellten: „Haben Sie den Gipfel erreicht?"

Für uns beide ging es bei diesem Abenteuer nie in erster Linie darum, den Gipfel zu besteigen. Es war vielmehr eine beschwerliche Reise, die wir gemeinsam durchgestanden haben; jeden Tag hielten wir das Leben des anderen in unseren Händen, denn auf dieser Reise haben wir beide eine unglaubliche Entwicklung durchgemacht. Den Gipfel tatsächlich zu bezwingen, habe ich immer nur als zusätzliches Bonbon betrachtet.

Als wir nach unserer Rückkehr dann mit dieser Frage konfrontiert wurden, deprimierte mich das meist mehr als Mick. Doch er war klug, denn für ihn hatte das nie etwas mit Scheitern zu tun. Er sagte immer, dass er im Grunde genommen sehr viel Glück gehabt habe – und zwar aus dem einfachen Grund, weil er überlebt hatte, wo vier andere Bergsteiger in jener Saison den Tod fanden.

Dazu müssen Sie wissen, dass Mick beim Aufstieg durch die letzte Steilflanke über einen stark überwechteten Eisgrat in einer Höhe von gut 8.500 Meter der Sauerstoff ausging. Er konnte sich kaum bewegen und kroch auf allen Vieren. Doch ohne Sauerstoff in dieser extremen Höhe war er an der Grenze seiner körperlichen Leistungsfähigkeit; völlig erschöpft rutschte er aus, überschlug sich mehrfach und rauschte den vergletscherten Steilhang hinunter.

Später sagte er zu mir, er habe den sicheren Tod vor Augen gehabt.

Aber wie durch ein Wunder landete er auf einem kleinen Vorsprung und wurde schließlich gerettet, weil zwei andere Bergsteiger ihn entdeckt hatten.

Vier andere Bergsteiger hatten nicht so viel Glück. Zwei von ihnen starben an Unterkühlung und zwei stürzten in den Tod. Der Mount Everest ist gnadenlos, insbesondere wenn das Wetter umschlägt.

Als Mick und ich ein paar Tage später in Lager zwei wieder vereint waren, war er ein völlig anderer Mensch. Er war voller Demut und Dankbarkeit, dass er am Leben war, und ich habe ihn mehr geliebt als je zuvor.

Doch als wir wieder zu Hause waren und jeder ihn nach seiner Gipfelbesteigung fragte oder sein Mitgefühl zum Ausdruck brachte, dass er nur so knapp vor dem Ziel hatte aufgeben müssen, wusste Mick es besser. Denn er hätte dort oben auch sterben können und deshalb war er einfach nur heilfroh, am Leben zu sein.

Zu „scheitern" war für ihn letztlich ein Segen, denn erst durch diese Grenzerfahrung hat er für sich erkannt, dass das Leben ein wunderbares Geschenk ist.

Aber die meisten Menschen werden solche wichtigen Erkenntnisse nie gewinnen, denn dazu muss man sich nämlich auf eine Reise begeben, die – unabhängig vom Ziel – das ganze Leben verändert.

Nehmen Sie doch den Milliardär, der sich mal eben an den Südpol fliegen lässt, um eine Stunde diesen unwirtlichen

Lebensraum zu „erleben", und vergleichen Sie ihn mit jenem Mann, der sich mit einem einfachen Schlitten im Schlepptau Hunderte und Aberhunderte Meilen unter Aufbietung all seiner Kraft keuchend und schwitzend Schritt für Schritt durch diese Eiswüste gekämpft hat.
So viel ist sicher: Diese Reise prägt einen Menschen.

Letztlich geht es im Leben nur darum, dass wir uns weiterentwickeln und nicht um unsere Trophäen.

24.
HÜTEN SIE
SICH VOR
DEN DREI *G*

Jamie, ein befreundeter Priester, hat einmal
zu mir gesagt, je erfolgreicher ein Mann wird,
desto mehr sollte er auf der Hut sein vor den
Gefahren, die von den drei *G* ausgehen. Das
hat mich neugierig gemacht.

Er sagte, je höher man steigt, desto tiefer fällt man und dass diese drei G immer wieder erfolgreich dazu beitragen, andere Menschen ins Verderben stürzen.

Als ich wissen wollte, was die drei G denn sind, lächelte er und sagte: „Es sind Glorie, Glück in der Liebe und Geld. Sieh dir nur den reichen Mann an, der durch ein Liebesabenteuer seine Familie verliert oder der durch die bedeutungslose Jagd nach noch mehr Geld oder einem noch höheren Status jegliches Selbstgefühl verliert."

Je erfolgreicher Sie werden, desto wichtiger ist es, dass Sie sich vor Augen führen, wofür diese drei G stehen, damit Sie niemals über sie stolpern.

Jetzt verstehen Sie mich bitte nicht falsch – diese drei G sind ja nicht gänzlich schlecht! Immerhin bin ich mit einer fantastischen Frau verheiratet, wir haben ganz gutes Geld verdient und sind zwischenzeitlich auch in den Genuss von ein wenig Glorie gekommen, und zwar in Form von verschiedenen Preisen und Auszeichnungen. Denn gefährlich wird das Ganze erst, wenn Sie zu habgierig und zu ruhmsüchtig werden oder sich so extrem unausgefüllt und leer fühlen, dass Sie nach immer mehr G streben.

Der Priester hatte mich davor gewarnt, dass Status, öffentliche Bewunderung und/oder finanzieller Erfolg noch lange kein Garant für persönlichen Erfolg sind. **Denn diese drei G – Glück in der Liebe, Geld und Glorie – sind launische Gesellen.**

Haben denn nicht die meisten von uns als junge Burschen, als wir noch ganz am Anfang unseres Lebens standen, nach allen drei G gestrebt? Schließlich sind wir doch auch nur Menschen, oder? Wir hegen große Hoffnungen und bekommen vorgegaukelt (dafür müssen wir uns bei den Zeitungen und Klatschblättchen bedanken), dass wir nur Glück in der Liebe, Glorie und Geld brauchen, um uns rundum fantastisch zu fühlen.

Und mehr brauchen wir vielleicht auch wirklich nicht, zumindest für einen flüchtigen Moment oder auch zwei …

Doch auf lange Sicht – das kann ich Ihnen versichern – kann keines von den drei G Ihnen dabei helfen, diese große innere Leere auszufüllen, die Sie spüren. Schlagen Sie irgendeine Zeitung auf und Sie haben die Geschichte von einem Mann vor Augen, der sein Leben vermasselt hat, weil er unentwegt einem dieser drei G hinterhergejagt ist oder mitunter auch allen drei G – wie es bei einigen prominenten Fußballspielern der Fall ist. Aber wir sind ja lernfähig. Denn ein weiser Mensch lernt aus den Fehlern anderer. Das war die Kernbotschaft, auf die mich der Priester in kluger Voraussicht hinweisen wollte.

Lernen Sie von anderen, werden Sie nie selbstgefällig und machen Sie sich stets bewusst, wo die klassischen altbekannten Gefahren lauern.

25.
ORIENTIEREN SIE SICH AN DEN FÜNF *F*

Mein Vater hat mir beigebracht, dass man, um ein erfülltes Leben zu führen, „sich um seine Freunde und seine Familie kümmern und den Mumm aufbringen muss, seine Träume zu verwirklichen". Darin bestand für ihn – auf einen einfachen Nenner gebracht – der wahre Sinn des Lebens.

Zu meinem großen Glück maß er diesen einfachen Werten mehr Bedeutung bei als meinen Schulnoten – die nicht immer so berauschend waren!

Ich habe mich immer bemüht, seinen Ratschlag zu befolgen, wobei ich mir seinen Leitspruch aber nicht nur zu eigen gemacht, sondern ihn sogar noch weiterentwickelt habe ...

Wenn also junge Pfadfinder oder Abenteurer mich fragen, was der Schlüssel zu einem erfüllten Leben sei, habe ich eine ganz einfache Antwort für sie parat. Sie müssen sich im Prinzip nur an den fünf *F* orientieren.

Familie.
Freunde.
Fester Glaube.
Freude.
Folgt euren Träumen.

Das kann jeder, denn um sich an diese fünf *F* zu halten, braucht man keinen Hochschulabschluss. Sie müssen ihnen einfach nur oberste Priorität einräumen; schreiben Sie sie auf Ihren Badezimmerspiegel, lassen Sie sie mit der Zeit tief in Ihr Unterbewusstsein eindringen, dann werden Sie sehr bald feststellen, dass diese fünf *F* wie ein Kompass funktionieren, der Ihnen dabei hilft, die richtigen Entscheidungen in Ihrem Leben zu treffen.

Wenn Sie vor wichtigen Entscheidungen stehen, sollten Sie sich immer fragen: „Welche Entscheidung ist vereinbar mit den fünf *F* in meinem Leben und welche nicht?"

Familie – sie ist wunderbar, mitunter auch wunderlich sonderbar, weil der eine oder andere gehörig einen an der Waffel hat! Aber dennoch zählt unsere Familie zu den engsten und liebsten Menschen, die wir haben. Und wenn wir Zeit und Liebe in unsere Familie investieren, wird unsere gegenseitige Bindung aneinander – genauso wie in einer Freundschaft – immer stärker.

Wenn man gute **Freunde** hat, mit denen man nicht nur gemeinsam die Abenteuer des Lebens genießen, sondern auch die Schwierigkeiten teilen kann, mit denen wir alle unweigerlich konfrontiert werden, ist das ein großer Segen. Deshalb sollten Sie nie unterschätzen, wie wertvoll gute Freunde sind.

Ein **fester Glaube** ist immens wichtig. Mir hat der Glaube an Jesus Christus unbeschreiblich viel Halt und immer wieder neue Kraft gegeben – schließlich ist es wahnsinnig wichtig, dass man im Leben auf einen guten Hirten bauen kann, der einen sicher durch jeden Dschungel führt. (Gehen Sie doch auf www.alpha.org und nehmen Sie an einem Alpha-Kurs teil, damit Sie selbst ergründen können, was den christlichen Glauben ausmacht und was nicht.)

Freude. Das Leben sollte ein Abenteuer sein. Und dieses Abenteuer soll Ihnen natürlich auch Spaß und Freude bereiten. Sorgen Sie dafür, dass Sie jeden Tag eine gute Portion davon bekommen. Ja, genau: Jeden Tag!

Zu guter Letzt sollten Sie **Ihren Träumen folgen**. Geben Sie sich mit Leib und Seele Ihren Träumen hin. Sie sind ein Geschenk Gottes, die wie kostbare Perlen in den Tiefen Ihres Unterbewusstseins schlummern. Träume sind mächtig, denn Sie können Ihr ganzes Leben verändern: Nehmen Sie sich in Acht vor einem Menschen, der einen Traum hegt und auch den Mumm hat, alles daranzusetzen, ihn zu verwirklichen.

Diese fünf *F* können Ihnen sehr viel Halt und Kraft geben. Denn wenn Sie ihnen oberste Priorität in Ihrem Leben einräumen – diese Erfahrung habe ich selbst gemacht –, werden Sie nicht nur sehr viel Freude und Spaß im Leben haben, sondern gleichzeitig auch die großartige Chance, ein wildes, aufregendes, reiches, selbstbestimmtes und erfülltes Leben zu führen.

Letzten Endes sollten Sie aber immer daran denken, dass Sie Ihren Erfolg im Leben niemals danach bemessen sollten, wie viel Geld, Macht oder Status Sie erlangen oder wie viel Ruhm und Anerkennung Ihnen zuteil wird. Denn all diese Dinge sind an sich bedeutungslos. Glauben Sie mir.

Der wahre Erfolg in unserem Leben wird nur daran gemessen, wie sehr wir das Leben unserer Mitmenschen berührt und bereichert haben – wie stark wir das Leben jener Menschen zum Positiven verändert haben, die es am nötigsten hatten, jener Menschen, deren Not die Welt im Allgemeinen übersieht.

Denn das ist ein bei Weitem besser geeigneter Maßstab, um das Leben und Wirken eines Menschen zu bewerten und darüber hinaus auch ein wunderbares und erstrebenswertes Ziel, von dem wir uns – zusätzlich zu den fünf *F* – bei unseren Entscheidungen leiten lassen sollten.

26.
DER WIND
UND
DIE SONNE

Okay. Hier ist eine Geschichte für Sie.
Und wenn ich sie richtig erzähle, bedarf es
keiner weiteren Erläuterung.

Eines Tages gerieten der Wind und die Sonne in Streit. So, wie auch Sie sich streiten. Dabei ging es um die Frage, wer von beiden stärker sei.

Der Wind war fest davon überzeugt, dass er viel stärker sei als die Sonne, und blies und stürmte so heftig, dass Bäume entwurzelt und Autos herumgewirbelt wurden und im Meer gigantische Wellenberge tobten.

Die Sonne schaute zu. Es war ein beeindruckendes Schauspiel, gewiss, dieses ganze Gebrause und Getöse. Aber dennoch behauptete die Sonne, sie sei viel stärker.

Daraufhin forderte der Wind die Sonne auf, mit ihm in Wettstreit zu treten.

„Siehst du den Mann da unten?", fragte der Wind und zeigte auf einen Wanderer, der in seiner Mittagspause gemächlich die Straße entlangschlenderte. „Ich fordere dich heraus, ihn dazu zu bringen, dass er seinen Mantel auszieht. Wer ihn als Erster dazu nötigt, seinen Mantel auszuziehen, ist der Stärkere von uns beiden."

Die Sonne war mit der Herausforderung einverstanden und der Wind machte sich sogleich ans Werk, während die Sonne stumm das Treiben verfolgte.

Der Wind blies und stürmte immer stärker, immer heftiger. Doch je stärker der Wind tobte, desto fester hielt der Mann seinen Mantel umklammert. Also blies der Wind noch stärker, doch der Mann beugte seinen Oberkörper noch weiter nach vorn und stemmte sich noch fester gegen den Wind, indem er die Zähne zusammenbiss und sich mit aller Kraft, als hinge sein Leben davon ab, mit beiden Händen an seinem Mantel festkrallte.

Doch am Ende wurde der Wind schwächer und gab völlig erschöpft – ohne Erfolg – auf.

Dann war die Sonne am Zug. Die Sonne lächelte und fing an, ganz sanft zu strahlen. Freundlich und heiter.

Der Mann, der noch immer tief gebeugt seinen Mantel fest umschlungen hielt, richtete sich plötzlich auf und schaute sich um.

Er ging ein kleines Stück, bis er eine Bank erspähte. Dann zog er seinen Mantel aus, legte ihn fein säuberlich zusammen und setzte sich daneben. Er strahlte übers ganze Gesicht.

Sie sehen, wenn man in einer Sackgasse landet, kommt man mitunter am besten voran, wenn man die Richtung wechselt und einen anderen Weg wählt. Eine andere Vorgehensweise ausprobiert.

Versuchen Sie einfach, sich in die Lage des anderen zu versetzen. Was würde den anderen wohl glücklich und zufrieden machen?
Oft ist es doch so: Je wütender wir auf jemanden sind, desto mehr Widerstand und Wut erzeugen wir auf der Gegenseite.

Versuchen Sie stattdessen doch einfach nett zu sein! Reden Sie mit den Leuten, hören Sie ihnen zu und machen Sie sich durchaus auch mal die Mühe, ihnen mit einer aufmerksamen Geste eine Freude zu bereiten.

Denn mit Freundlichkeit erreicht man in den allermeisten Fällen mehr, als wenn man wütend ist.

27.
UM ETWAS ZU BEKOMMEN, MÜSSEN SIE ZUERST ETWAS GEBEN

Viele Ratschläge in diesem Buch stammen von meinen Eltern, und ich bin auf ewig dankbar dafür, dass ich von zwei so wunderbaren und klugen Menschen aufgezogen wurde. Hier kommt also eine weitere Weisheit von meiner Mutter:

Wenn du etwas bekommen willst, dann musst du dich zuerst nach jemandem umschauen, dem du etwas geben kannst.

Als ich noch ein kleiner Junge war, entpuppte sich das in aller Regel als sehr einfache Gleichung – meine Mutter hat mir nur dann ein neues Spielzeug gekauft, wenn ich dafür ein altes ausrangiert und es einem gemeinnützigen Secondhandladen gespendet habe. (Soweit ich mich noch erinnern kann, fand ich das ziemlich nervig!) Doch als ich dann älter wurde, erkannte ich, dass der Grundsatz, zuerst etwas zu geben, um etwas zu bekommen, im Prinzip nur ein ungeschriebenes Gesetz des Universums ist.

Sie hätten gern, dass Ihnen jemand hilft? Dreimal dürfen Sie raten: Wenn Sie in der Vergangenheit Ihren Mitmenschen gegenüber hilfsbereit waren, ist es um einiges wahrscheinlicher, dass sie auch Ihnen zu Hilfe eilen werden. Sie hoffen auf eine Rekorderernte in Ihrem Gemüsegarten? Dreimal dürfen Sie raten: Je mehr Sie Ihre Setzlinge gießen, düngen, hegen und pflegen, desto üppiger wird auch Ihre Ernte ausfallen.

Das Unerklärliche an diesem Leitsatz meiner Mutter ist allerdings, dass er auch in freier Natur funktioniert. **Es kam schon sehr oft vor, dass ich mich verlaufen habe, dass ich erschöpft und hungrig war und spürte, wie mein Durchhaltevermögen, meine Kraft- und Energiereserven immer weniger wurden.** In solchen Situationen ist es nur allzu menschlich, dass man einen Rückzieher macht und aufgibt.

Doch die Lebensweisheit meiner Mutter hat sich in all den Jahren immer wieder bewahrheitet: Um ein gutes Ergebnis zu „bekommen", muss man zuerst etwas Gutes oder Positives „geben".

Das heißt, wenn ich erschöpft war, habe ich alles darangesetzt, noch härter zu arbeiten. Wenn ich deprimiert war, habe ich beschlossen, optimistisch zu sein. Dabei spielt es keine Rolle, wie sehr Ihr Optimismus gelitten hat oder wie wenig Kraft Sie noch haben, denn wenn Sie sich dazu „aufraffen", die guten Gefühle, die positiven Einstellungen und die zuversichtlichen Gedanken zu mobilisieren (auch wenn Sie sie in jenem Augenblick nicht spüren oder daran glauben), werden Sie auch belohnt.

Probieren Sie das ruhig mal aus, wenn Sie hundemüde auf der Couch lümmeln. Stehen Sie auf und fangen Sie an, sich intensiv und mit Schwung zu bewegen. Schon nach kurzer Zeit fühlen Sie sich wieder frisch und energiegeladen. Oder wenn sich auf Ihrem Schreibtisch ein Riesenberg Papierkram stapelt und Sie nicht so recht vorwärtskommen, dann versuchen Sie einfach, einen Gang zuzulegen und sich zu konzentrieren; fangen Sie an, sich durchzuwühlen, und geben Sie Ihr Bestes – dann werden Sie sehen, dass Körper und Geist darauf reagieren.

Denn um etwas zu bekommen, müssen Sie zuerst etwas geben. Das gilt auch für Situationen, die körperlich extrem anstrengend sind oder in denen es ums nackte Überleben geht, wenn Sie und Ihr Wanderpartner zum Beispiel so durstig sind, dass Sie kaum noch geradeaus laufen können. Gehen Sie weiter – lassen Sie Ihren Partner zuerst trinken. Geben Sie ihm den größeren Schluck.

Denn wenn Sie das tun, bekommen auch Sie irgendwie mehr Kraft. Es ist so, als würde die mentale Überwindung immer schwerer wiegen als die körperliche Erschöpfung. So ticken wir nun mal.

Wenn ich irgendwo in der Wildnis unterwegs war, lag ich oft aus lauter Angst die ganze Nacht wach und dachte mit Schrecken daran, was mich wohl am nächsten Morgen erwarten würde oder welche Situationen ich bewältigen müsste, um diese unwirtliche Gegend hinter mir zu lassen. Und genau deshalb entscheide ich mich jedes Mal dafür, dass ich bei Einbruch der Morgendämmerung voller Tatendrang sein werde, dass ich mit einem Lächeln auf den Lippen und hochkonzentriert den neuen Tag in Angriff nehme, und zwar unabhängig davon, wie ich mich fühle – ich werde bereit sein, alles zu geben, um die vor mir liegende Aufgabe zu bewältigen.

Im Gegenzug erlebe ich immer wieder, dass die Wildnis hundertprozentige Einsatzbereitschaft honoriert.

Das Wesentliche, worauf es im Leben und beim Bergsteigen ankommt, ist im Prinzip sehr einfach: Wir werden immer nur für die Mühe und Arbeit belohnt, die wir investieren. Denn um etwas zu bekommen, müssen wir zuerst etwas geben.

28.
EXPERTEN SOLLTE MAN ZWAR GEHÖR SCHENKEN, ABER NICHT HÖRIG SEIN

Das ist ein weiterer kluger Ratschlag von Winston Churchill (von ihm stammt eine wahre Flut großartiger Aphorismen):

Experten sollte man zwar Gehör schenken, aber nicht hörig sein.

In der Vergangenheit habe ich allzu oft den Fehler gemacht, den Ratschlägen von Experten viel zu viel Gewicht beizumessen, sie als die einzig „richtige" Option zu betrachten. Meist sagte mir mein Instinkt etwas ganz anderes und allzu oft hat mich diese Expertenhörigkeit ganz schön in Schwierigkeiten gebracht.

Wenn Sie sich einzig und allein auf den Rat von Experten verlassen, ist das ein todsicheres Rezept, um Schiffbruch zu erleiden.

Denn die sogenannten Experten mögen sich zwar hervorragend in ihrem Fachgebiet auskennen, aber sie kennen nicht immer alle Einzelheiten, um genau zu wissen, was richtig ist – vor allem für Sie.

Ich kenne einige sehr wohlhabende Leute, die noch nicht einmal dort leben, wo sie gerne leben würden, weil ihr Steuerberater ihnen gesagt hat, sie könnten Steuern sparen, wenn sie sich ein Haus in Monaco kaufen würden. Das ist ja so, als ob deren Steuerberater mehr Mitspracherecht in deren Leben hat als deren Kinder oder Partner – denn so spart man immer am „falschen" Ende.

Experten sind Experten, weil sie sich auf einen kleinen begrenzten Bereich in einem Fachgebiet spezialisieren. Die Aufgabe einer Führungskraft oder eines Familienoberhaupts besteht jedoch darin, über diese Grenzen hinauszuschauen, alle Einzelheiten zu berücksichtigen und die Gesamtsituation zu betrachten und erst dann eine wohlüberlegte Entscheidung zu treffen. Der Rat des Experten sollte Ihnen bei der Entscheidungsfindung helfen – Sie sollten ihn einholen, wenn Sie ihn brauchen, ihn aber keineswegs als Ihre einzige Option betrachten.

Wenn Sie also Rat brauchen, dann „hören" Sie sich an, was all die Experten zu sagen haben, behalten Sie all diese Informationen im Hinterkopf, schlafen Sie ein paarmal darüber, vertrauen Sie Ihrem Instinkt (mehr dazu später!) und treffen Sie dann in aller Ruhe eine informierte Entscheidung.

Apropos, wissen Sie eigentlich, was noch schlimmer ist, als eine falsche Entscheidung zu treffen? Gar keine Entscheidung zu treffen! So viele Menschen kommen einfach nicht weiter in ihrem Leben, weil sie sich nicht entscheiden können – sie zaudern.

Das ist ganz normal. Denn wir alle haben schließlich Angst davor, die falsche Entscheidung zu treffen – aber genau genommen haben wir nur wieder Angst davor zu scheitern, aber mittlerweile wissen wir ja, wie wir damit umgehen müssen, oder?

Es ist nicht schlimm, wenn wir scheitern. Denn eine falsche Entscheidung ist allemal besser als gar keine Entscheidung.

Lernen Sie daher, Entscheidungen zu treffen – informierte, richtige Entscheidungen –, die auf guten Ratschlägen basieren, sich aber keinesfalls allein auf die Vorgaben Ihrer Berater stützen sollten. Vertrauen Sie Ihren Instinkten und stehen Sie zu Ihrer Entscheidung.

Sollte diese sich als falsch erweisen, dann lernen Sie aus Ihrer Fehlentscheidung, überwinden Sie Ihren Stolz und gestehen Sie sich ein, dass Sie einen Fehler gemacht haben. Und dann machen Sie – um ein paar Erfahrungen reicher und gescheiter – einfach weiter.

Und denken Sie daran: Je mehr Entscheidungen Sie treffen, desto mehr Übung bekommen Sie und – so ist es ja mit vielen Dingen – desto besser lernen Sie, die richtigen Entscheidungen zu treffen.

Sie werden vermutlich nicht mit jeder Entscheidung immer 100-prozentig richtig liegen, aber viele Menschen kommen

verdammt nahe dran, und wenn Sie nun noch deren Vorgehensweise studieren, werden Sie ein paar eindeutige Muster
in deren Entscheidungsfindungsprozess erkennen, jede Wette.

**Hören Sie ruhig auf die Experten, holen Sie sich ihren Rat,
aber hören Sie auch auf Ihren Instinkt und Ihre innere Stimme – und berücksichtigen Sie all diese Informationen, damit
Sie die richtige Entscheidung treffen, die Sie zum Ziel führt.**

29.
INSTINKT
IST DER SPÜRSINN
DES GEISTES –
VERTRAUEN SIE IHM

Instinkt zu definieren, ist so gut wie
unmöglich, aber dennoch ist er unendlich
wichtig, wenn wir in unserem Leben auf
der Reise zu unseren Träumen vor einer
schwierigen Entscheidung stehen.

Manchmal gibt es Dinge, die „fühlen" sich einfach nicht richtig an – auch wenn alle äußeren Anzeichen offensichtlich dafür zu sprechen scheinen, dass wir in einer bestimmten Weise handeln sollten. Wenn das passiert, sollten Sie unbedingt auf Ihre innere Stimme hören. Sie ist ein Geschenk Gottes, denn es ist die Stimme, die aus den Tiefen Ihres Unterbewusstseins zu Ihnen spricht und Ihnen helfen will.

Wir alle neigen schließlich dazu, unsere Entscheidungen auf unser vernunftgeleitetes Denken und rationales Bewusstsein zu stützen. **Aber tief in unserem Inneren besitzen wir eine sehr kluge, sehr viel weisere und intelligentere Seite – unsere innere Stimme. Jeder clevere Abenteurer lernt, auf sie zu hören, denn sie ist das Herzstück seiner persönlichen Fähigkeiten, der wichtigste Teil seiner „Ausrüstung" – seine Intuition –, die er sich für kein Geld der Welt kaufen kann.**

Begnadete Bergsteiger und Abenteurer wissen, dass sie sich für eine Gipfelbesteigung oder die Erreichung eines Expeditionszieles nicht allein auf ihre offensichtlichen Fähigkeiten, wie mentale Stärke, körperliche Fitness und technisches Können verlassen dürfen – wie viele Leute das tun –, sondern alle „Instrumente" der ihnen zur Verfügung stehenden Fähigkeiten nutzen müssen. Denn manchmal erfordert jenes letzte Stück auf dem Weg zum Gipfel eine Kraftanstrengung, die weit über das normale Maß hinausgeht. Daher sollten Sie unbedingt auf Ihre innere Stimme hören, wenn sie zu Ihnen spricht. Denn sie will Ihnen den richtigen Weg weisen und Sie beschützen.

Wenn wir aufmerksam unserer inneren Stimme lauschen, unterscheiden wir uns von der breiten Masse jener Menschen, die sich mühsam durch ihr Leben kämpfen, weil sie entweder meistens viel zu beschäftigt sind, um auf ihre Intuition zu hören, oder viel zu stolz, um darauf zu achten, was ihre innere Stimme ihnen zu sagen hat.

Ich kann mich noch gut an eine Expedition in die Arktis erinnern, bei der wir versuchten, das Nordpolarmeer in einem kleinen offenen Festrumpf-Schlauchboot, einem sogenannten RIB, zu durchqueren. Damals konnte ich meine innere Stimme sehr deutlich hören.

Wir waren 400 Seemeilen vor der Küste Grönlands in einen arktischen Sturm der Stärke 8 geraten und hatten große Probleme. Denn bei dem extrem starken Seegang konnten wir kaum noch Fahrt machen, weil unser Boot durch die hohen Wellenberge und die tosende Gischt in eine starke Stampfbewegung geraten war. Es war die längste Nacht meines Lebens und es schien nur eine Frage der Zeit zu sein, bis wir kentern und in der pechschwarzen, eiskalten See den Tod finden würden.

Jedes Mal, wenn bei Schichtwechsel ein anderes Crewmitglied das Steuer des kleinen Bootes übernahm, durchlebten wir bange Minuten, bis sich der neue Steuermann einigermaßen mit dem Stampfen des Bootes und der Unberechenbarkeit dieser Monsterwellen vertraut gemacht hatte.

Denn sollten wir jemals kentern, würde das mit Sicherheit während des Schichtwechsels passieren, sobald ein anderer Steuermann das Ruder übernahm.

Schon einmal hatten wir großes Glück gehabt. Wir wurden alle aus unseren Sitzen katapultiert, nachdem unser Boot in die Höhe geschleudert worden und seitlich auf dem Schlauch gelandet war, nur um gleich noch einmal herumgeschleudert zu werden – doch glücklicherweise mit der richtigen Seite nach oben. Danach hatten wir in einer ähnlichen Situation noch ein zweites Mal Glück. Aber mein Instinkt sagte mir, dass wir ein drittes Mal ganz sicher nicht so großes Glück haben würden.

Ich hörte, wie meine innere Stimme zu mir sagte: „Jetzt darf kein Fehler mehr passieren. Bleib am besten selbst am Steuer."

Als ich mich dann bereit machte, meinem alten Kumpel Mick das Steuer zu überlassen, spürte ich, dass diese Stimme tief in meinem Inneren immer lauter wurde: „Bleib einfach noch eine Zeitlang am Steuer – bring das Team eigenhändig durch diesen

Sturm."

Wir hatten zwar einen festen Zeitplan für die Schichtablösung und mir war auch klar, dass wir uns daran halten sollten. So war die Regel. Doch meine innere Stimme gab einfach keine Ruhe. Schließlich brüllte ich durch den Wind und die Gischt zu Mick hinüber, dass ich weiter am Steuer bleiben wolle. „Vertrau mir", sagte ich zu ihm.

Mick unterstützte mich tatkräftig dabei, diese Nacht durchzustehen, indem er großzügig Red Bull in mich hineinschüttete, während unser Boot unablässig von links nach rechts geschleudert wurde und wir allergrößte Mühe hatten, das Steuer fest in der Hand und uns in den Sitzen zu halten.

Als dann der Morgen dämmerte, war der Seegang nicht mehr ganz so stark und bereits gegen Abend konnten wir in der Ferne die Küste von Island erkennen. Endlich.

Anschließend offenbarten mir zwei Crewmitglieder mit leiser Stimme, sie hätten so schreckliche Angst vor der anstehenden Schichtablösung gehabt, dass sie inständig dafür gebetet hätten, jemand anderes möge das Steuer für sie übernehmen.

Ich war total erschöpft gewesen und mein Verstand hatte mir gesagt, dass ich mich ablösen lassen musste, mein Instinkt jedoch hatte mir befohlen, das Steuer auf keinen Fall aus der Hand zu geben.

Tief in meinem Inneren wusste ich, dass ich langsam, aber sicher ein Gespür dafür entwickelt hatte, wie ich dieses kleine Boot sicher durch die tosende See und das Eis manövrieren konnte – außerdem sagte mir meine innere Stimme, dass wir beim dritten Mal vielleicht nicht ganz so glimpflich davonkommen würden.

Es war die richtige Entscheidung – sie fiel mir nicht leicht, aber sie war richtig. Unser innere Stimme sagt uns nicht immer, wir sollen den leichteren Weg wählen, aber sie wird uns immer den richtigen Weg weisen.

Die Stimme aus Ihrem Unterbewusstsein – Ihre Intuition – will, dass Sie überleben und erfolgreich sind.

Eitelkeit oder die Meinungen anderer lassen sie völlig kalt –
denn diese unsteten Dinge existieren nur in unserem Bewusstsein. Letztlich erfüllt Ihr Instinkt einen ganz klaren Zweck: Er will
Ihnen helfen.

Hören Sie auf Ihre innere Stimme. Lernen Sie, ihre Botschaft zu
verstehen. Schenken Sie ihr Gehör, wenn sie zu Ihnen spricht,
und glauben Sie ihr.

Instinkt ist der Spürsinn unseres Geistes. Vertrauen Sie ihm.

30.
DIE STÜRME DES LEBENS MACHEN SIE STÄRKER

Dieses Buch enthält sehr viele Ratschläge, die Ihnen dabei helfen sollen, schwierige Lebenssituationen in den Griff zu bekommen.

Jeder weiß, wie unberechenbar das Leben ist, aber eins ist so sicher wie das Amen in der Kirche: Es kommt nicht immer alles so, wie wir es gern hätten. Doch wenn die Stürme des Lebens wieder einmal über mich hinwegfegen, befolge ich einen klaren und simplen Leitsatz:

Erst in Zeiten größter Not lernen wir, über uns hinauszuwachsen.

In anderen Worten: **Wenn Ihr Leben komplett aus dem Ruder läuft, stellen Sie sich der Herausforderung, holen Sie das Letzte aus sich heraus, schuften Sie, was das Zeug hält und zeigen Sie entschlossen, dass Sie sich von diesen Schwierigkeiten nicht unterkriegen lassen.**

In aller Regel belohnt das Universum eine solche Einstellung. Das Leben stellt uns eben hin und wieder auf die Probe: Dinge, mit denen wir fest gerechnet hatten, erfüllen sich einfach nicht; Menschen lassen uns im Stich; eine Katastrophe jagt die nächste. Sie kennen doch das Sprichwort: Ein Unglück kommt selten allein.

Wenn das Unglück dann knüppeldick kommt, haben wir die Wahl: Lassen wir uns in die Knie zwingen und resignieren oder sehen wir den Tatsachen unerschrocken und erhobenen Hauptes ins Auge?

Das ist ganz genauso wie mit den Schulhofrabauken, die ihre Mitschüler tyrannisieren. Sobald Sie ihnen selbstbewusst die Stirn bieten, hören ihre Mobbing-Aktionen meistens auf. Denn die stellen Sie nur auf die Probe, um zu sehen, aus welchem Holz Sie geschnitzt sind. Mann oder Memme?

Deshalb sollten Sie schwierige Zeiten als Chance begreifen, um der Welt und auch sich selbst zu zeigen, aus welchem Holz Sie geschnitzt sind. Dabei spielt es keine Rolle, wie Sie sich fühlen und wie Sie sich selbst wahrnehmen, **denn wenn ich** etwas Entscheidendes in den Bergen und in der Wildnis gelernt habe, dann das: Wir Menschen sind sehr viel stärker und widerstandsfähiger, als wir denken. Abhängig davon, wie wir erzogen wurden und welche Probleme wir in unserem bisherigen Leben bewältigen mussten, reagieren und handeln wir zwar alle ein wenig anders, aber es ist eine grundlegende Tatsache, dass jeder von uns tief in seinem Inneren stark und robust ist.

Ich habe miterlebt, wie in den Bergen unglaubliche Heldentaten vollbracht wurden, und zwar von Menschen, denen man das niemals zugetraut hätte. Allerdings bedurfte es außergewöhnlicher Umstände, um jene Tapferkeit in ihnen zutage zu fördern.

Bei uns Menschen verhält es sich ganz ähnlich wie beim Keltern von Trauben – erst wenn wir unter Druck stehen, zeigen wir, was wirklich in uns steckt. Außerdem bin ich davon überzeugt, dass die meisten Menschen sehr viel stärker und robuster sind, als sie sich das jemals vorstellen können. Schließlich ist diese Stärke und Robustheit in Jahrtausenden der Evolution, in denen wir als Spezies um unser Überleben kämpfen mussten, in uns gereift.

Dieser eiserne Überlebenswille ist vielleicht ein wenig eingeschlafen oder verschüttet, aber er ist da, denn irgendwo tief in Ihrem Inneren schlägt **das Herz eines Überlebenskünstlers – voller Mut, Entschlossenheit und Willensstärke.**

Haben Sie also keine Angst vor schwierigen Zeiten, denn sie bieten Ihnen die Chance, über sich hinauszuwachsen.

Schreiben Sie sich diesen Leitsatz auf Ihren Badezimmerspiegel:

Kämpfen macht mich stark und die Stürme des Lebens machen mich stärker.

31.
BESCHEIDENHEIT
IST DAS A UND O

In diesem Kapitel geht es darum, dass Sie Ihre
gute Kinderstube nicht vergessen sollten, wenn
sich die Dinge zunehmend so entwickeln, wie
Sie sich das vorstellen – was jetzt unweigerlich
passieren wird, wo Sie doch so viele wichtige
Lebensweisheiten lernen!

Denn sobald wir ein klein wenig vom Erfolg verwöhnt werden, lassen wir uns allzu gern zu der Annahme verleiten, dass wir diesen Glücksfall allein unseren Fähigkeiten, unserem Scharfsinn und unserer freundlichen und gütigen Art zu verdanken hätten. Das mag wohl zum Teil durchaus stimmen, doch die Wahrheit ist, dass jeder erfolgreiche Mensch enorm viel Hilfe und Unterstützung von anderen hatte. Und wirklich erfolgreiche Menschen sind auch bescheiden genug, um sich dieser Tatsache bewusst zu sein.

Wenn Sie jedoch Ihren eigenen Verdienst daran zu hoch ansetzen oder sich zu laut mit Ihrem Erfolg brüsten, geben Sie Ihren Mitmenschen in der Tat allen Grund, Ihnen das übel zu nehmen. Angeber mag niemand gern. **Denn wahrer Erfolg gründet sich stets auf Bescheidenheit.**

Ich bin ein echter Glückspilz, dass ich ein paar der erfolgreichsten Sportstars der Welt persönlich kennenlernen durfte. Und wissen Sie, was das wirklich Interessante an den meisten supererfolgreichen Sportlern und Sportlerinnen ist? Je erfolgreicher sie werden, desto bescheidener sind sie in aller Regel. Dazu brauchen Sie sich nur anzuhören, wie die Tennisstars Roger Federer oder Rafael Nadal über ihren Erfolg sprechen. Selbst in Zeiten, in denen sie die Nummer eins der Weltrangliste waren, wussten sie stets ihre Familie, ihre Trainer, ihre Mannschaft und sogar ihre Gegner als außergewöhnliche Menschen zu würdigen. Und genau dafür lieben wir sie umso mehr!

Wahrscheinlich vor allem deshalb, weil wir Menschen mit einer großkotzigen Art einfach nicht ausstehen können, auch wenn sie noch so erfolgreich sind.

Aber warum ist das so? Möglicherweise liegt es daran, dass wir tief im Inneren ganz genau wissen, dass kein Mensch im Leben sehr weit kommt, wenn er ganz allein auf sich gestellt ist, und wenn dann jemand behauptet, dass er das alles ohne fremde Hilfe geschafft hat, kaufen wir ihm das schlichtweg nicht ab.

Denken Sie doch nur an einen der größten Erfinder, die es je gegeben hat: Sir Isaac Newton. In einem Brief an seinen Erzrivalen Robert Hooke schrieb er, dass ihm die mathematische Formulierung des Gravitationsgesetzes erst durch die Forschungsarbeit ermöglicht worden sei, die andere Wissenschaftler vor ihm geleistet hätten.

Er schrieb: „Wenn ich weiter gesehen habe, so nur weil ich auf den Schultern von Riesen stehe."

Für diese Äußerung zolle ich ihm sogleich noch mehr Bewunderung. Wie Sie sehen, stehen alle erfolgreichen Männer und Frauen auf den Schultern von anderen. Auch bei Ihnen wird das nicht anders sein. Das sollten Sie nie vergessen.

Deshalb tun wir alle – unabhängig von unserer religiösen Überzeugung – gut daran, uns einen Vers aus dem Matthäus-Evangelium (23, 12) ins Gedächtnis zu rufen, sobald wir feststellen, dass wir im Begriff sind, ein wenig überheblich zu werden:

Denn wer sich selbst erhöht, der wird erniedrigt, und wer sich selbst erniedrigt, der wird erhöht.

Wenn Sie also wirklich Größe beweisen wollen, dann bleiben Sie bescheiden und freundlich – das ist ein eindeutiges Zeichen dafür, dass Ihr Erfolg echt ist und Sie begriffen haben, dass Sie nur deshalb so erfolgreich sein können, weil Sie von vielen Menschen Liebe und Unterstützung erfahren haben

Aber achten Sie vor allem darauf, dass Sie Ihren Worten stets Taten folgen lassen, denn es genügt nicht zu wollen, man muss auch tun.

Nutzen Sie Ihren Erfolg, um Ihre Mitmenschen zu unterstützen. Oder noch besser: Helfen Sie jedem, der Ihre Hilfe will oder nötig hat. Helfen Sie jedem, dem Sie nur irgendwie helfen können.

Denn dann befinden Sie sich in der Tat auf dem Weg zu wahrer Größe!

Alles klar?

32.
LACHEN SIE ÜBER SICH SELBST

Jeder findet Menschen sympathisch, die über sich selbst lachen können. Das liegt einfach in der Natur des Menschen – die besten Lacher gehen sowieso immer auf unsere Kosten. Damit beweisen wir Charakter, Bescheidenheit und Charme.

Nehmen Sie sich selbst bloß nicht zu wichtig: Wenn Sie der Länge nach im Schlamm landen, dann stehen Sie einfach auf und lachen darüber.

Ist Ihnen schon mal aufgefallen, dass wir uns hingegen instinktiv von jenen Menschen abwenden, die über *andere* lachen.

Denn Menschen, die über andere lachen, zeigen damit im Grunde nur, dass sie sich für besser halten als die anderen, über die sie sich lustig machen. Und wir gehen deshalb ganz automatisch davon aus, dass jemand, der sich über andere lustig macht, sich das nächste Mal vielleicht über uns lustig machen wird – hinter unserem Rücken. Und das hat niemand gern.

Wenn Sie die Fähigkeit besitzen, über sich selbst zu lachen, zeigen Sie Ihren Mitmenschen damit, dass Sie eine der großen Lehren aus der Bibel beherzigen:

Seid bescheiden und achtet die anderen höher als euch selbst.

Menschen, die Größe besitzen, vermitteln anderen ein gutes Selbstwertgefühl: Sie bauen andere auf; sie machen anderen oft und gern Komplimente, aber vor allem machen sie andere nicht schlecht, damit sie sich selbst überlegen fühlen können.

Lachen Sie also lieber über sich selbst, nicht über andere; bauen Sie andere auf und stärken Sie deren Selbstbewusstsein; reden Sie gut und keineswegs abschätzig über andere Menschen in der Öffentlichkeit.

Was Sie über andere sagen, sagt am meisten über Sie selbst. Dieser Gedanke gefällt mir, denn da steckt sehr viel Wahrheit drin (und deshalb werde ich diesem Thema an späterer Stelle ein ganzes Kapitel widmen).

Es gehört zu meinen großen Zielen im Leben, dass bei meiner Beerdigung einmal jene, die mich kennen, aufstehen und sagen können, sie hätten nie erlebt, dass ich schlecht von einem anderen Menschen gesprochen habe.

(Mit diesem Vorhaben bin ich übrigens schon so manches Mal gescheitert, aber dennoch ist es ein erstrebenswertes Ziel, dem man nacheifern sollte!)

Es ergeht mir nicht viel anders wie Ihnen, denn auch ich muss noch hart an mir arbeiten, aber ich bin immer bestrebt, genau wie Sie, noch besser zu werden. Ich bemühe mich, jeden Tag ein bisschen freundlicher und noch ein bisschen großzügiger zu sein und mich selbst ein bisschen weniger wichtig zu nehmen.

Denn erfolgreiche Männer und Frauen nehmen sich selbst nie zu ernst. Das ist ein wesentlicher Bestandteil ihres Erfolgs.

Schauen Sie sich doch einmal im Tierreich um: Selbst die stärkste Grizzlybärin tollt ausgelassen mit ihren Jungen herum. Das ist einer der Gründe, warum von diesen Tieren eine so starke Anziehungskraft ausgeht.

33.
SAGE MIR, MIT WEM DU UMGEHST, SO SAGE ICH DIR, WER DU BIST

Haben Sie schon einmal den Ausspruch gehört, dass man den Charakter eines Mannes – einer Frau übrigens auch – daran erkennt, mit welchen Leuten er (sie) verkehrt. Ich habe bereits darüber gesprochen, wie wichtig es ist, dass man sich von Traumdieben fernhält. Allerdings gibt es da noch eine andere Art von Menschen, mit denen die meisten von uns in ihrem Leben Bekanntschaft machen und die uns in keinster Weise guttun.

Wenn Sie einen Freund haben, der ständig etwas an Ihnen auszusetzen hat oder der Ihnen immer zu verstehen gibt, dass Ihre Ideen bescheuert sind oder der sich über Ihren Kleidungs- und Musikgeschmack lustig macht oder darüber frotzelt, welche Bücher Sie gern lesen, dann wette ich mit Ihnen, dass Sie nach einem Treffen mit diesem Freund jedes Mal nach Hause gehen und sich minderwertig fühlen.

Jeder von uns hat schon einmal Freunde gehabt, die uns bei jeder Gelegenheit ohne Vorwarnung mit einer wahren Lawine an Problemen und negativen Erfahrungen aus ihrem Leben zuschütten.

Doch wenn jemand zu Ihnen nach Hause kommen und sogleich mitten in Ihrem Wohnzimmer allen Ernstes einen ganzen Sack Müll auskippen würde, dann würden Sie sicher ausflippen – und es wäre höchst unwahrscheinlich, dass Sie diese Person noch einmal zu sich einladen würden. Nun, genauso sollten wir mit jener Sorte Menschen verfahren, die uns als seelischen Mülleimer missbrauchen.

Selbst wenn Sie all die negative Energie nicht sehen können, die von diesem seelischen Müll ausgeht, so ist sie dennoch da und belastet Sie; sie vergiftet Ihr Leben, Ihre Träume und Ihre positive Einstellung. Halten Sie sich am besten von diesen Leuten fern.

Wenn Sie dagegen einen Freund haben, der immer wieder über Ihre alten Witze lacht, der Sie dazu ermutigt, neue Dinge auszuprobieren, und Ihr Selbstwertgefühl stärkt, dann sollten Sie unbedingt mit diesem Freund Zeit verbringen. Denn er vermittelt positive Energie! Genau das, was Sie brauchen, um erfolgreich zu sein.

Das heißt, verbringen Sie weniger Zeit mit Ihren negativen, pessimistischen Freunden, die Ihnen nur schaden, denn je öfter Sie stattdessen mit Ihren positiven und begeisterungsfähigen Freunden abhängen, desto mehr Selbstwertgefühl entwickeln Sie und desto besser werden Sie. **Denn wir Menschen sind soziale Wesen und orientieren uns naturgemäß in unserem**

Verhalten immer an jenen Menschen, mit denen wir zusammen sind. So ist das nun mal.

Verbringen Sie also ganz bewusst Ihre Zeit mit jenen Menschen, die Sie aufbauen und die Ihnen das Selbstbewusstsein vermitteln, dass Sie Ihre Ziele verwirklichen können.

Das ist auch der Grund dafür, warum ich meine Teammitglieder für eine große Expedition mit so großer Sorgfalt auswähle. Denn ich suche mir meine Leute nicht allein aufgrund ihrer Fähigkeiten aus – die Welt ist schließlich voll von fähigen Menschen. Ich suche mir meine Leute danach aus, ob sie über jene seltene Mischung aus sehr guten Fähigkeiten und einer noch besseren inneren Einstellung verfügen.

Ich brauche Menschen, für die das Glas halb voll ist; Menschen, die ein Hindernis als Herausforderung betrachten und nicht als Problem; Menschen, die anderen helfen, die andere anspornen und die mich bedingungslos unterstützen und mir in jeder Situation Rückendeckung geben.

Es gibt eine sichere Methode, wie Sie sich selbst weiterentwickeln können, und zwar, indem Sie sich Freunde und Expeditionsmitglieder aussuchen, die besser sind als Sie selbst. Denn auf diese Weise werden Sie inspiriert und können über sich hinauswachsen – und gemeinsam werden wir alle stärker.

Doch leider machen die meisten Menschen es andersherum: Sie suchen sich Freunde oder Teammitglieder, die ein bisschen „niedriger" in der Hackordnung angesiedelt sind als sie selbst, weil ihnen das ein Gefühl von Überlegenheit gibt. Doch das ist nicht der Weg zu wahrem Wachstum – es ist vielmehr der Weg zur Mittelmäßigkeit.

Denn wahre Champions und wahre Gipfelstürmer schließen sich mit Menschen zusammen, die ihnen helfen können und die sie dazu inspirieren, immer noch besser zu werden – entweder weil diese sie anspornen oder weil sie sich deren Handeln oder deren Einstellung zum Vorbild nehmen.

34.
SUCHEN SIE SICH JEMANDEN, DER IHNEN DEN WEG WEIST

Wenn Sie sich auf eine aufregende Lebensreise begeben, werden Sie – zwangsläufig – Augenblicke der Entbehrung, des Zweifelns, des Kämpfens und des Leidens durchleben. Das gehört dazu, wenn Sie ein Champion werden wollen – ganz gleich, auf welchem Gebiet.

Dieser Tatsache sollten Sie also ins Auge sehen. Aber das ist kein Grund zum Verzweifeln, denn die gute Nachricht ist, dass oftmals Hilfe näher ist, als man vielleicht glaubt.

Dazu müssen Sie wissen, dass ich immer darauf achte, jemanden an meiner Seite zu haben, der mir den weist, wenn ich in einem lebensfeindlichen Dschungel oder in einer unerschlossenen Gebirgsregion unterwegs bin. Im Leben funktioniert das ganz genauso. Wenn Sie das Leben jedoch unbedingt im Alleingang meistern wollen, dann machen Sie sich das Ganze sehr viel schwerer als nötig. Glauben Sie mir.

Denn wenn Sie Ihr Bestes geben, um Ihren Lebenstraum zu verwirklichen und all das zu erreichen, was Ihnen in Ihrem Leben bestimmt ist, sind Sie auf eine gute Führung angewiesen – auf jemanden, der Ihnen den Weg weisen kann, der Sie inspiriert, Sie tröstet und Ihnen Kraft spendet –, und zwar insbesondere dann, wenn es Schwierigkeiten gibt, und die wird es unweigerlich geben.

Mein unerschütterlicher Glaube hat mir schon so oft geholfen, denn er spendete mir nicht nur Licht auf dem Weg durch die Dunkelheit, sondern er erfüllte meine Seele mit Freude auf einem erbarmungslosen Berg und schenkte meinem Körper Kraft, als er immer schwächer wurde.

Und wer könnte uns wohl besser führen als derjenige, der uns den Weg vorbestimmt oder den Berg ursprünglich erschaffen hat!

In Psalm 121 (Vers 1-2) heißt es:

**Ich hebe meine Augen auf zu den Bergen,
von welchen mir Hilfe kommt.
Meine Hilfe kommt vom Herrn,
der Himmel und Erde gemacht hat.**

Niemand führt uns so verlässlich wie er – das habe ich schon immer geahnt.

Jetzt werden sicher einige sagen, du liebe Güte, mit der Bibel und dem christlichen Glauben habe ich nichts am Hut. Ich versteh schon. Allerdings ist es leicht, zynisch zu sein, wenn alles wunderbar nach Plan läuft. Das sollten Sie nicht vergessen. **Aber Zuversicht im Glauben zu finden … ist ungleich schwerer und erfordert sehr viel mehr Mut.**

Robin Knox-Johnston – der erste Mensch, der im Einhandsegeln nonstop die Welt umsegelte – hat einmal gesagt: **„Im Südpolarmeer gibt es keine Gottlosen."** Für mich bedeutet das im Klartext: Wenn Sie noch nie erlebt haben, was es heißt, eine Scheißangst zu haben und zu wissen, dass keine Menschenseele weit und breit ist, die Ihnen helfen kann, dann verschonen Sie mich bloß mit Ihrer Ansicht, dass es keinen Gott gibt.

Denn wer behauptet, dass er nie Unterstützung oder Zuspruch in irgendeiner Form nötig hat – Hut ab –, der muss schon über eine gehörige Portion Stolz verfügen.

So viel Stolz habe ich definitiv nicht, ich brauche Unterstützung. Aber keine Angst. Wenn Sie für sich im Stillen glauben, heißt das ja noch lange nicht, dass Sie strenggläubig sein und ein frommes Verhalten an den Tag legen müssen. Denn wissen Sie was … Jesus hat das auch nicht gemacht! Und wenn Sie einmal nachlesen[1], werden Sie feststellen, dass Jesus im Grunde total lustig war, unglaublich frei, wild und verrückt; er feierte gern und hing immer mit den Sündern ab, also mit jenen Menschen, die nicht nach den Maßstäben der Frommen lebten.

Die einzigen Menschen, die ihn jemals in Rage brachten, waren diese übergenauen ultrafrommen Typen!

---

1) Ich kann Ihnen die Lektüre des Buches *The Jesus I Never Knew* von Philip Yancey (auf Deutsch erschienen: *Der unbekannte Jesus: Entdeckungen eines Christen*, SCM. R. Brockhaus, 2010; Anm. d. Übers.) wirklich nur empfehlen, denn es wird Ihnen dabei helfen, besser zu verstehen, wer dieser Jesus eigentlich war, der auf die Erde kam und uns ein Leben im Überfluss versprochen hat. Denn, worum geht's dabei?!

Wenn Sie es jedoch schaffen, zum Glauben zu finden, wird Ihnen dieser Glaube dabei helfen, ein freieres und sehr viel lebendigeres Leben zu führen, das Sie so überaus reich mit Freude, Friede und Liebe beschenkt, wie Sie es sich niemals hätten vorstellen können. Und gerade diese Eigenschaften – wenn Sie sie im Überfluss besitzen – werden Sie stärker machen und Sie sehr viel besser in die Lage versetzen, ein energiegeladenes und abenteuerliches Leben zu führen.

Was aber noch viel cooler ist, ist einfach die Tatsache, dass Jesus weitaus mehr ist, als nur Ihr Seelenführer oder jemand, der Ihnen den Weg weist. Er ist auch eine Stütze, ein Weggefährte und ein Freund. Denn wenn ich mir so meine eigenen Helden und Vorbilder betrachte, stelle ich fest, dass es nicht viele Führungspersönlichkeiten gibt, die nicht irgendwann einmal voller Demut den Himmel auf Knien leise um Kraft, Entschlossenheit und Frieden angefleht hätten.

Erfolgreiche Männer und Frauen wissen um ihre eigene Schwäche, denn sie besitzen die Demut, jene Hilfe anzunehmen, die ihnen die Kraft verleiht, Großes zu leisten. Ihrem Beispiel sollten Sie folgen.

Pioniere gehen immer ein Wagnis ein, wenn sie unerforschtes Terrain erkunden – denn sie können nie wissen, was ihnen unterwegs begegnet.

Übrigens: Es ist gut zu wissen, dass der Glaube keine einseitige Angelegenheit ist. Denn Jesus sagte: „Ich bin gekommen, um zu suchen und zu retten."

Das heißt, auch er ist da draußen und hat ein Auge auf uns.

Haben Sie also den Mut und lassen Sie ihn seinen Teil der Abmachung erfüllen. **Ich nenne das, wer suchet, der findet.**

Sie haben nichts zu verlieren und können dennoch alles gewinnen.

35.
SUCHEN SIE
SICH IHRE GANZ
PERSÖNLICHE
MOTIVATIONSQUELLE

Im Laufe der Jahre konnte ich immer wieder feststellen, dass Menschen sich über Bücher wie dieses – sogenannte Selbsthilferatgeber – gern herablassend äußern. Allerdings verspotten sie auch in gleicher Weise die Leute, die sie lesen oder die zu Motivationsseminaren gehen.

Die Kritik, die an dieser Art von Büchern und Seminaren geübt wird, die Menschen motivieren und inspirieren sollen, bezieht sich im Wesentlichen darauf, dass ihre Wirkung in aller Regel recht schnell verfliegt – das heißt, dass der Effekt der Lektüre oder des Gesprächs nur von kurzer Dauer ist.

Dazu kann ich nur sagen: Natürlich verfliegt die Wirkung rasch, natürlich ist die Wirkung von kurzer Dauer. Aber wenn Sie sich duschen, ist die Wirkung auch nur von kurzer Dauer – und gerade deshalb sollten Sie sich jeden Tag duschen!

Mit der Motivation verhält es sich da ganz ähnlich – wir müssen uns tagtäglich neu motivieren. Wir müssen uns bis oben hin mit positiver Energie vollsaugen, denn der tägliche Trott macht uns fertig und hinterlässt seine Spuren.

Der Trick bei der Motivation ist, dass Sie sie – genauso wie das Zähneputzen oder Duschen – als festen Bestandteil in Ihren Tagesablauf integrieren müssen. Motivieren Sie sich und nehmen Sie die positive Energie in sich auf – jeden Tag.

Übertünchen Sie das Schlechte mit dem Guten. Übertönen Sie das Negative mit dem Positiven. Tanken Sie immer so viel positive Energie, wie Sie nur können. Warten Sie nicht so lange, bis Ihre Reserven aufgebraucht sind, sondern tanken Sie bei jeder sich bietenden Gelegenheit frische, saubere und gute Motivation, damit Sie mit Vollgas und nach Kräften Ihre Ziele verfolgen können.

Jedes kleine Kind weiß das: Je mehr Gutes wir unserer Seele und unserem Körper tun (wie zum Beispiel gutes, gesundes Essen), desto mehr Leistung können wir auch erbringen.

Eines jener Bücher, die mich am allerstärksten beeinflusst haben, ist ein kleiner, handlicher Erfolgsratgeber mit dem Titel *Rhinoceros Success* von Scott Alexander. Klar, der Titel klingt ein wenig schräg, aber Sie sollten es trotzdem lesen. Als ich zwölf war, habe ich es zum ersten Mal gelesen, und seither lese ich es jedes Jahr immer mal wieder – daran hat sich bis heute nichts geändert.

Es lehrt uns, dass wir uns wie ein Rhinozeros verhalten müssen, wenn wir im Leben Erfolg haben wollen: Wir müssen ein klares Ziel vor Augen haben, dieses Ziel mit äußerster Entschlossenheit in Angriff nehmen, dabei unerbittlich und mit aller Kraft mögliche Hindernisse aus dem Weg räumen und uns ein dickes Fell zulegen, um gegen all die Pfeile und Schleudern gewappnet zu sein, die uns daran hindern wollen, unseren Weg zu gehen.

Noch heute kauft Shara mir unheimlich gern Geburtstagsgeschenke mit einem Rhinozeros drauf – ob Lampenschirme, Hausschuhe, Kissen oder Türknaufe ... alles, was man sich nur vorstellen kann! Im Grunde ist das schon so etwas wie eine lustige Familientradition geworden, dass jeder versucht, mir den skurrilsten Rhino-Schnickschnack zu schenken, den er nur auftreiben kann. Aber das heißt auch, dass ich zu Hause überall, egal wohin ich auch schaue, an den simplen (und lustigen!) Leitsatz dieses Buches erinnert werde.

Dieser ganze Rhino-Firlefanz erinnert mich also tagtäglich daran, dass ich unerschrocken und wild entschlossen wie ein Rhinozeros sein muss, wenn ich im Leben erfolgreich sein will.

Finden Sie daher für sich eine Möglichkeit, wie Sie sich am besten jeden Tag neu motivieren können. **Schreiben Sie motivierende Botschaften für sich selbst auf Ihren Badezimmerspiegel, deponieren Sie eine inspirierende Lektüre auf dem stillen Örtchen und nähren Sie Ihre Gedanken mit positiver Energie, wann immer sich Ihnen die Gelegenheit dazu bietet.**

Wenn Sie das jeden Tag machen, wird das ziemlich schnell zur Gewohnheit. Eine gute Gewohnheit. Eine, die Ihnen jeden Tag die Kraft gibt, volle Leistung zu bringen, sich hohe Ziele zu stecken und dabei auch noch eine Menge Spaß zu haben.

36.
KEINE MOTIVATION? NA UND, DAS PASSIERT UNS ALLEN HIN UND WIEDER

Oh Schreck, oh Graus …
na klar, auch ich fühle mich hin und wieder
so gar nicht motiviert!

Ich bin auch nur ein Mensch.

Machen Sie sich bloß keinen Kopf, wenn Sie merken, dass Ihre Motivation ein wenig nachlässt – das ist ganz normal. Gönnen Sie sich einfach eine kurze Auszeit, machen Sie ein Nickerchen, gehen Sie spazieren, machen Sie sich eine schöne Tasse Tee und dann raffen Sie sich auf und treffen ganz bewusst die Entscheidung, Ihr Ziel wieder energisch in Angriff zu nehmen.

Deshalb fahren Sie immer am besten, wenn Sie sich von vornherein zugestehen, dass Sie möglicherweise hin und wieder auch mit ein paar Selbstzweifeln und negativen Gedanken zu kämpfen haben – lassen Sie sie ruhig einen Moment lang zu, aber dann werfen Sie sie so schnell wie möglich wieder über Bord.

Gehen Sie nicht so hart mit sich ins Gericht, wenn Sie mal einen schlechten Tag haben – ich hatte schon eine Menge schlechter Tage und in Zukunft werden wohl noch eine ganze Menge mehr dazukommen.

Atmen Sie einmal tief durch, lassen Sie den Kopf nicht hängen – schließlich sind Sie auch nur ein Mensch – und dann reißen Sie sich zusammen und nehmen Ihr Vorhaben wieder in Angriff.

Denn echte Champions wissen, wie sie ein Motivationstief schnell überwinden können.

Ach übrigens, ich habe da einen tollen Trick, um Dinge in Angriff zu nehmen, zu denen ich absolut so gar keine Lust habe – wie zum Beispiel zu trainieren … In so einer Situation sage ich mir dann immer, dass ich ja nach drei Minuten wieder aufhören kann. Dazu muss ich allerdings zuerst einmal mit dem Training anfangen. Und wenn ich dann drei Minuten gelaufen bin, merke ich jedes Mal, dass es mir doch Spaß macht und ich gar nicht aufhören will. Das Schwierige ist eigentlich nur, mich jedes Mal dazu aufzuraffen, und deshalb habe ich es mir zur Pflicht gemacht, zumindest den Anfang zu machen und mich zur Not auf meine „Nach drei Minuten darfst du aufhören"-Regel zu berufen …, auf die ich dann letzten Endes doch nicht zurückgreifen muss!

Finden Sie selbst heraus, womit Sie sich am besten austricksen können, … aber achten Sie stets darauf, Ihre Gedanken und Ihre Seele jeden Tag aufs Neue mit positiver Motivation zu nähren.

Und denken Sie vor allem daran, was ich im vorherigen Kapitel zum Thema Duschen gesagt habe!

37.
BEGEGNEN SIE IHREN MITMENSCHEN MIT HERZENSWÄRME UND HILFSBEREIT-SCHAFT

Leidenschaftliche Begeisterung, Leistungsfähigkeit und Belastbarkeit – das sind die zwingenden Einstellungs-voraussetzungen, die ein Bewerber vorweisen muss, bevor ich ihn auf eine lebens-gefährliche Expedition mitnehme. Allerdings gibt es da noch weitere Eigenschaften, nach der ich bei meinen künftigen Expeditionsmitgliedern immer Ausschau halte, und das sind Herzenswärme und Hilfsbereitschaft.

Expeditionen, die uns in den Dschungel führen, durch Wüstengebiete oder über stürmische Ozeane sind kein leichtes Unterfangen. Ganz gleich, wie sehr wir auch dazu neigen, das Leben von Entdeckern zu romantisieren, so viel steht fest: Wenn Sie mitten in einem Schlauchboot sitzen und gut 15 Meter hohe Wellen über Sie hereinbrechen, wenn Sie seit drei Tagen nicht geschlafen haben oder wenn Sie eine ganze Woche mit einer Verletzung herumlaborieren, ohne ein Wort darüber zu verlieren, dann sind es gerade die kleinen Gesten, auf die es ankommt.

Denn das Einzige, was Sie sich von den Menschen an Ihrer Seite unbedingt wünschen, ist Warmherzigkeit und Hilfsbereitschaft – Sie müssen wissen, dass Sie sich voll und ganz auf sie verlassen können, wenn es hart auf hart kommt.

Lassen Sie mich Ihnen ein paar anschauliche Beispiele nennen: Wenn Sie als Bergsteiger in einer Höhe oberhalb von 7.500 Metern unterwegs sind, die Temperatur auf minus 45 Grad Celsius fällt und Sie keine Kopfschmerzen bekommen, dann sind Sie vermutlich kein Mensch.

Denn dieser Höhenkopfschmerz fühlt sich so an, als würde Ihr Schädel mit einer Schraubzwinge so stark zusammengepresst, als ob er jeden Moment zerbersten wollte. Das liegt zum Teil an der extremen Höhe und zum Teil an der Dehydrierung, die die dünne, trockene Luft unweigerlich mit sich bringt. Deshalb ist es überlebenswichtig, dass man jeden Tag rund um die Uhr alles gibt, um seinen Flüssigkeitshaushalt wieder zu regenerieren.

Doch die einzige Möglichkeit, um dem Körper wieder Wasser zuzuführen, besteht darin, Eis und Schnee zu schmelzen. Allerdings kann es in dieser extremen Höhe und eisigen Kälte Stunden dauern, bis man genügend Trinkwasser durch Schneeschmelzen gewonnen hat. **Die gute Seele eines Expeditionsteams**

ist das Teammitglied, das seine Teamkollegen als Erste trinken lässt beziehungsweise ihnen sogar den letzten Schluck des kostbaren Wassers überlässt. Gerade in Extremsituationen sind es vor allem diese kleinen Gesten, die ins Gewicht fallen.

Deshalb sollten Sie immer versuchen, solche Augenblicke als Gelegenheit zu begreifen, um sich durch besondere Leistung von anderen abzuheben – denn es ist der warmherzige, hilfsbereite und selbstlose Bergsteiger, der Anerkennung erfährt und oftmals den Grundstein für den Erfolg eines großartigen Teams legt.

Bei einer anderen Gelegenheit befand ich mich mit einem kleinen, vier Mann starken Spähtrupp meiner SAS-Einheit in der Sahara, und wir warteten mittlerweile seit zwei Tagen vergeblich darauf, dass der Helikopter uns am vereinbarten Treffpunkt abholen sollte. Doch wenn Sie mitten in der Wüste in sengender Hitze festsitzen und so gut wie kein Wasser mehr haben, kann eine Verspätung von 48 Stunden lebensgefährlich sein. Wir waren alle extrem dehydriert und verloren ziemlich schnell an Kraft. Nach jeder Stunde haben wir einen kleinen Schluck getrunken, das heißt, eine Verschlusskappe voll Wasser aus der letzten Wasserflasche, die jeder von uns noch hatte. Streng rationiert. Ganz systematisch. Zu allem Übel hatte ich noch Durchfall, was dazu beitrug, dass ich noch sehr viel schneller austrocknete.

Schließlich erhielten wir über Funk die Nachricht, dass wir am nächsten Tag gegen Morgengrauen abgeholt würden, und zwar an einem Treffpunkt, der gut 32 Kilometer von unserem Standort entfernt war. Als es Nacht wurde, haben wir uns startklar gemacht und sind – schwer beladen mit unserer Ausrüstung und völlig erschöpft – zu unserem Marsch quer durch die Wüste aufgebrochen. Doch schon bald hatte ich große Probleme. Denn jeder Schritt, mit dem wir uns durch die Ausläufer des Atlasgebirges quälten, bedurfte einer immensen Willensanstrengung.

Mein Feldwebel merkte, dass ich extrem zu kämpfen hatte. Er war unglaublich stark – ein Mann wie ein Baum – und hieß Chris Carter (Er kam auf tragische Weise in Afghanistan ums Leben; aber er bleibt ein Held für alle, die mit ihm gedient haben). Er stoppte unser Einsatzteam, kam zu mir und bestand darauf, dass ich den allerletzten Schluck Wasser aus seiner Flasche nahm. Ohne viele Worte, ohne Gedöns; er zwang mich einfach, es zu trinken.

Es war weniger das Wasser als vielmehr seine warmherzige und selbstlose Art, die mir letztlich die Kraft gab, weiterzumarschieren, auch wenn ich völlig ausgebrannt war. **Herzenswärme und Hilfsbereitschaft inspirieren uns, sie motivieren uns und bilden die Basis für ein solides, unerschütterliches Team – für aufrichtige Kameradschaft, die nach dem Grundsatz funktioniert: Einer für alle und alle für einen.**

Ohne Selbstgefälligkeit. Ohne Prahlerei. Ohne Tamtam. Reine Herzensgüte. Dieses Verhalten zeugte von der Herzenswärme eines großen Mannes, denn ich habe diese großmütige Geste in jener Nacht in der Wüste niemals vergessen.

Und wissen Sie, was das Besondere an einer warmherzigen, hilfsbereiten Geste ist? Sie kostet den Spender relativ wenig, bedeutet dem Empfänger aber unglaublich viel.

Unterschätzen Sie daher nicht die Macht, die von großherziger Hilfsbereitschaft ausgeht, denn allein mit einer freundlichen Geste können Sie schon das Leben Ihrer Mitmenschen verändern und sie dazu anzuspornen, ihr Bestes zu geben. Im Grunde ist das gar nicht so schwer, allerdings müssen wir dazu Herzenswärme und Hilfsbereitschaft zuerst als Charaktereigenschaften begreifen, die in höchstem Maße erstrebenswert sind.

Sie wollen ein fantastischer Abenteurer und ein großartiges Expeditionsmitglied im Leben und in den Bergen sein? Dann habe ich einen ganz simplen Tipp für Sie: Begegnen Sie Ihren Mitmenschen mit Herzenswärme und Hilfsbereitschaft.

38.

ERST WENN DIE LEUTE WISSEN, WIE SEHR SIE SICH FÜR SIE INTERESSIEREN, INTERESSIERT SIE AUCH, WAS SIE ALLES WISSEN

Chris Carter, der Feldwebel von meinem SAS-Spähtrupp, hat diesem Ratschlag in wahrhaft mustergültiger Weise Rechnung getragen. Sollten Sie jemals vor der Aufgabe stehen, ein Team zu leiten oder Menschen zu führen, können Sie diese Aufgabe sehr viel besser erfüllen und Ihr Team zu größeren Leistungen anspornen, wenn Sie seinem mustergültigen und selbstlosen Handeln nacheifern.

Können Sie sich vorstellen, was ich empfunden habe, als Chris mir seinen letzten Schluck Wasser zu trinken gab? Dankbarkeit trifft es nicht einmal annähernd.

Einer der absolut härtesten und widerstandsfähigsten Soldaten des Regiments zeigte Herz, indem er sich um mich kümmerte, und zwar weit über seine Pflichterfüllung hinaus. Denn indem er mir gezeigt hatte, wie sehr er um mein Wohlergehen besorgt war, stand durch diese Geste für mich fest, dass ich weder ihn noch das Regiment jemals im Stich lassen würde.

Eine solche simple Geste der Hilfsbereitschaft und Fürsorge steht immer am Beginn einer großen Freundschaft. Nennen Sie es, wie Sie wollen, ob Kameradschaft oder gemeinsame Zielsetzung. Denn das Ergebnis war, dass ich für diesen Mann bereit war, mir die Seele aus dem Leib zu schuften. Und das machte uns alle noch stärker.

Dasselbe gilt für das Bergsteigen: Der allerwichtigste, wenn auch kleinste Bestandteil an Ausrüstung oder Hilfsmitteln auf jeder Expedition ist und bleibt immer der Faktor Mensch. Denn es ist erwiesen, dass Menschen, denen eine persönliche Wertschätzung und mentale Unterstützung zuteil wird, in der Lage sind, sogar das Unmögliche zu schaffen und unbezwingbare Gipfel zu besteigen. Doch zuerst müssen wir diese persönliche Wertschätzung und mentale Unterstützung erfahren.

Der Wert eines Teams lässt sich nicht an der supertollen High-tech-Ausrüstung oder der illustren Riege der Sponsoren ablesen. Denn der wahre Wert eines Teams hängt letztlich immer von den Menschen und den zwischenmenschlichen Beziehungen ab.

Als Führungsperson, ganz gleich auf welchem Gebiet, können Sie Ihrem Team zwar vor Augen führen, über wie viel Fachwissen Sie verfügen, aber dennoch wird dieses Wissen nicht dazu beitragen, dass die Teammitglieder und Sie zu einem hervorragend eingespielten und erfolgreichen Team zusammenwachsen. Denn der alles entscheidende Unterschied besteht darin, wie Sie dieses Wissen nutzen.

Nutzen Sie es, um Ihre Leute zu unterstützen und sie aufzubauen? Legen Sie mehr Wert auf das Wohlergehen der anderen als auf Ihr eigenes?

Sind Sie bescheiden genug und haben Sie den nötigen Mumm, andere aufzurichten und emporzuheben, damit sie auf Ihren starken Schultern ruhen können?

Denn wenn Sie Ihre Mitmenschen durch Worte und Taten spüren lassen, dass sie Ihnen wirklich wichtig sind, dass ihre Arbeit und ihr Wohlergehen Ihnen wichtig sind, dann werden sie auch bereit sein, für Sie bis ans Ende der Welt zu gehen. Wieso? Weil sie dann nämlich wissen, dass sie Ihnen vertrauen können, weil Sie schließlich all Ihr Wissen, all Ihre Fähigkeiten und all Ihre Kraft einsetzen, um sie zu unterstützen und anzuspornen.

So einfach ist das: Erst wenn die Leute wissen, wie sehr Sie sich für sie interessieren, interessiert sie auch, was Sie alles wissen.

39.
GELD IST WIE EIN FLUSS: ES MUSS FLIESSEN

Wir leben in einer Gesellschaft, in der unser Erfolg (fälschlicherweise) oft daran gemessen wird, wie viel Geld wir verdienen. In unserer Kultur wird dem Geld ein viel zu hoher Stellenwert eingeräumt, und zwar aus dem folgenden Grund:

Die alljährlich von der *Sunday Times* veröffentlichte *Rich List* der reichsten Leute in Großbritannien suggeriert dem Leser, dass es etwas Erstrebenswertes sei, mehr Geld zu besitzen als andere. Dieses Denken hat dazu geführt, dass wir in einer Kultur leben, in der wir – sobald wir so viel Geld zusammengerafft haben, wie wir nur können – unser Geld krampfhaft festhalten müssen, damit auch ja nichts verloren geht, denn sonst ...!

In dieser Kultur herrscht auch die Meinung vor, dass man schlichtweg ärmer wird, wenn man sein Geld hergibt. Allerdings besteht das gut gehütete Geheimnis des Geldes darin, dass es genau anders herum ist: Denn erst wenn ein Mensch anfängt herzugeben, was er besitzt, gelangt er dadurch zu sehr viel mehr Reichtum, als ihm Geld allein bescheren kann. So viel kann ich Ihnen verraten: Wenn Sie immer mehr Geld anhäufen und es krampfhaft festhalten, werden Sie damit niemals glücklich werden. Denn wenn Sie so extrem auf Ihr Geld fixiert sind und sich so fest daran klammern, wird dieses zwanghafte Denken an Geld nicht nur Ihr ganzes Leben beherrschen, sondern es zu einer einzigen Tragödie machen. Das habe ich schon allzu oft miterlebt.

Geld ist wie ein Spiegel: Es offenbart unseren wahren Charakter. Und genau das macht den eigentlichen Wert des Geldes aus – es zeigt, was sein Besitzer für ein Mensch ist.

Aber Geld lässt sich auch mit einem Fluss vergleichen, und ein Fluss muss fließen, sonst stirbt er. Wenn Sie einen Fluss jedoch aufstauen, kann er nicht mehr ungehindert fließen und das Wasser steht bald still. Ähnlich verhält es sich mit dem Geld: Sobald Sie es nicht mehr ausgeben oder verschenken und anderen Menschen damit helfen, versiegt der Geldfluss allmählich, bis er ganz zum Stillstand kommt.Zuerst wird er trüb und modrig, dann stirbt er. Man muss das Geld unter die Leute bringen; man muss großzügig geben und sollte das Geld nicht nur dazu nutzen, das eigene Leben zu bereichern, sondern auch das seiner Mitmenschen. Denn nur, wenn Sie sich daran halten, bedeutet Geld auch Macht.

Im Grunde sollten Sie mit Geld genauso umgehen wie mit einem Schmetterling, der sich auf Ihrer Handfläche niederlässt: Sie dürfen ihn nicht festhalten, denn sonst stirbt er. Aber in einer geöffneten Hand und mit einer großzügigen, freigiebigen Einstellung kann der Schmetterling ganz leicht seine Flügel entfalten und davonfliegen und überall, wo er landet, Freude und Hoffnung schenken.

Dabei kommt es nicht so sehr darauf an, wie viel Geld Sie besitzen, sondern vielmehr darauf, was Sie mit Ihrem Geld machen. Denn dadurch gelangen Sie zu wahrem Reichtum.

In diesem Zusammenhang will ich Ihnen eine beispielhafte Geschichte von einem Mann erzählen, der in jeglicher Hinsicht unglaublich reich ist. Dazu möchte ich Sie gern mit Dave bekannt machen.

Dave geht nach folgendem Prinzip vor: Jedes Mal, wenn er zufällig von den Sorgen und Nöten ganz normaler und auf ihre Weise einzigartiger Menschen erfährt, ist er zur Stelle – ganz egal, ob es sich um einen schüchternen 17-jährigen Teenager handelt, der gerade seinen Schulabschluss gemacht hat und wahnsinnig gern seinen von ihm getrennt lebenden Vater besuchen würde, der mittlerweile in Kanada lebt; oder um einen Klempner, der immer bis tief in die Nacht arbeitet und stets redlich und fleißig ist, aber nur selten seine Kinder zu Gesicht bekommt, weil er so hart arbeitet; oder um eine alleinerziehende Mutter, die Freundin eines gemeinsamen Freundes, die alle Hände voll zu tun hat, um eine Million Dinge und mehrere Jobs auf die Reihe zu kriegen, und sich so sehr wünscht, dass sie ihren Kindern doch eine kleine Freude machen könnte. Dave ist ein bisschen so wie Superman!

Dazu müssen Sie wissen, dass Dave sein Leben lang hart gearbeitet hat und dafür mit großem Reichtum belohnt wurde.

143

Aber er hat im Laufe seines Lebens auch gelernt, dass es noch etwas sehr viel Größeres gibt – nämlich, dass der größte Reichtum einen Menschen erst dann wirklich reich macht, wenn er Großes damit bewirkt.

Deshalb agiert Dave im Verborgenen, indem er auf ganz besondere Weise Menschen hilft, die sich in einer schwierigen Lebenssituation befinden. Es kann gut sein, dass er dem jungen Mann das Flugticket nach Kanada bezahlt, damit dieser seinen Vater besuchen kann; oder dass er dem arbeitsamen Klempner einen Familienurlaub spendiert; oder dass er der alleinerziehenden Mutter ein Auto finanziert. Alles, was absolut außergewöhnlich ist und weit über das normale Maß hinausgeht – das macht er. Und wissen Sie was? Das haut die Leute einfach um!

Dave zählt nicht nur wahre Heerscharen ganz normaler Leute zu seinen loyalsten Anhängern, die für ihn bis ans Ende der Welt gehen würden (was aber, nebenbei bemerkt, nicht etwa auf das Geld zurückzuführen ist, das er ihnen gegeben hat, sondern vielmehr darauf, dass er etwas ganz und gar Außergewöhnliches für sie getan hat), sondern Dave ist auch der glücklichste Mensch, dem ich je begegnet bin.

Und wieso?

Weil es schlichtweg unmöglich ist, ein so reiches Leben zu führen und dabei nicht unglaublich glücklich zu sein!

Denn ein Mensch kann erst dann reich werden, wenn er großzügig gibt. Und damit können Sie schon heute anfangen – ganz gleich, wie weit der Weg zu Ihren Lebenszielen noch ist.

Verpassen Sie also keine Chance, schnell reich zu werden, indem Sie bereitwillig und großzügig geben.

Danach treten Sie einfach einen Schritt zurück, dann können Sie beobachten, wie sich dieses selig machende Glücksgefühl langsam in Ihnen ausbreitet ...

40.
WEM VIEL GEGEBEN WIRD, VON DEM WIRD AUCH VIEL ERWARTET

Als ich mein Abitur in der Tasche hatte, habe ich ein halbes Jahr lang in London verschiedene Kurse in Selbstverteidigung angeboten, um mir so das nötige Geld zu verdienen, damit ich eine Rucksacktour durch Indien machen konnte. Irgendwann hatte ich dann genügend Geld zusammen, sodass ich meine Reise nach Indien antreten konnte. Es war ein Ziel, das mich schon immer gereizt hat, denn ich wollte das gewaltige Himalaja-Gebirge mit eigenen Augen sehen. Ich wusste, dass mir dieser Anblick den Atem verschlagen würde.

Doch es waren ganz andere Dinge, die ich in Indien gesehen habe und die mich tatsächlich umgehauen haben.

Denn die Dinge, die ich in den Seitenstraßen von Kalkutta gesehen habe, dürfte es einfach nicht geben: Menschen, die blind, ohne Beine und zerlumpt mitten in all dem Müll und Dreck in der Gosse lagen und ihre mit Blasen übersäten Arme ausstreckten, um ein paar Rupien zu erbetteln. Ich fühlte mich völlig überfordert, unfähig und hilflos – und das alles gleichzeitig.

Ich machte die Missionsstation ausfindig, die von Mutter Teresa geleitet wurde und konnte feststellen, dass schon einfache Dinge wie Sauberkeit, Ruhe, Fürsorge und Liebe das Leben der Bedürftigen entscheidend veränderten. Diese Dinge zu geben, kostet nicht viel, und die Lektion, die ich gelernt hatte, war denkbar einfach: Wir alle haben es in der Hand, etwas zu geben, wodurch wir das Leben unserer Mitmenschen positiv verändern können, auch wenn wir kein Geld besitzen.

Wie es scheint, sind wir wohl der Meinung, dass Wohltätigkeit etwas mit groß angelegten Spendenmarathons im Fernsehen zu tun hat, oder damit dass Rockstars irgendwelche Stiftungen ins Leben rufen, doch im Grunde genommen geht es bei der Wohltätigkeit um kleine Gesten der Herzenswärme und Güte.

Es spielt keine Rolle, in welchen Verhältnissen Sie aufgewachsen sind, welchen Job Sie machen oder wie viel Geld Sie verdienen, denn jeder von uns ist fähig und in der Lage, etwas zu schenken – sei es Zeit, Liebe oder ein offenes Ohr für einen Menschen in Not.

Die wichtigste Botschaft, die Sie sich unbedingt merken sollten, heißt: Warten Sie nicht so lange, bis Sie irgendwann mehr Zeit, Geld oder Energie haben. Mutter Teresa hat es so ausgedrückt: **„Denken Sie nie voll Sorge daran, wie groß die Zahl derjenigen ist, die Hilfe brauchen. Helfen Sie einem Menschen nach dem anderen und beginnen Sie immer mit dem Menschen, der in Ihrer unmittelbaren Nähe ist."**

Das ist ein ganz wunderbarer Leitsatz, denn je mehr Sie sich bemühen, diesem Leitsatz nachzueifern, selbst mit dem wenigen, was Sie haben, desto mehr werden Sie dadurch auch den wahren Erfolg anziehen. Denn die Menschen werden Ihre Liebe erwidern; Ihre Entschlossenheit und Ihre Erfolgserlebnisse werden zunehmen und Sie können in Ihrem Leben etwas bewirken, was jenseits des Materiellen liegt.

Das ist doch eine hervorragende Methode, wie Sie nicht nur Gutes tun und von sich reden machen, sondern auch ein erfülltes Leben führen können.

Nur, damit das einmal gesagt wird: Was die Umsetzung dieses Leitsatzes angeht, muss ich zugeben, dass ich noch immer sehr intensiv daran arbeite, aber schließlich profitieren wir doch alle davon, wenn wir uns bemühen, diesen Leitsatz mehr zu verinnerlichen.

Halten Sie also Ausschau nach Menschen in Not – Sie müssen nicht lange suchen –, denn damit geben Sie Ihrem Leben mehr Sinn.

Erfolgreich sind Sie erst dann, wenn Sie diesen Grundsatz erfolgreich umsetzen.

41.
NIE WIEDER
ARBEITEN!

Das einzige Mal, wo Erfolg ausnahmsweise vor
dem Fleiß kommt, ist im Wörterbuch.
Überall sonst im Leben, wird sich der Erfolg
nicht einstellen, ohne dass Sie zuvor mit Fleiß
bei der Sache sind und hart arbeiten.

Und gerade deshalb ist es auch wichtig, dass Ihnen Ihre Arbeit Spaß macht, dass Sie voll darin aufgehen, denn das ist der eigentliche Lohn für Ihre Mühe. Ich würde auch auf Berge steigen und mich von Klippen stürzen, wenn man mich nicht dafür bezahlen würde – und zwar deshalb, weil **ich den Schweiß, die Knochenarbeit, das Risiko und die Herausforderung liebe. Denn das alles gibt mir das Gefühl, lebendig zu sein.**

Jede Wette, dass Mozart seine Musikstücke auch dann komponiert hätte, wenn kein Mensch sie angehört hätte. (Genau genommen hat er das ja auch gemacht, denn ein Großteil seines Lebens hat sich niemand für seine Kompositionen interessiert.)

Wenn Sie Ihre Arbeit lieben, spielt es im Grunde genommen keine Rolle, wie lange es dauert, bis Sie das Ziel Ihrer Träume erreichen. Denn allzu oft müssen Schauspieler, Bergsteiger oder Musiker jahrzehntelang hart arbeiten, bis sich der „Erfolg" einstellt, doch letzten Endes sind sie nur deshalb erfolgreich, weil sie genau das tun, wofür sie leidenschaftlich brennen.

Sie müssen einfach nur lange genug mit leidenschaftlicher Begeisterung am Ball bleiben, dann kommt der „Erfolg" schon. Auch wenn er sich vielleicht nicht in der Form bemerkbar macht, wie Sie sich das ursprünglich vorgestellt haben.

Lieben Sie Ihre Arbeit? Dann haben Sie bereits eine der wohl erstrebenswertesten Formen von Erfolg erreicht, die man sich nur wünschen kann. Denn wenn Sie das tun können, was Ihnen großen Spaß macht, dann müssen Sie für den Rest Ihres Lebens keinen einzigen Tag mehr arbeiten.

42.
SCHLUSS MIT DEM EWIGEN „ICH WERDE VERSUCHEN ...“!

Vielleicht liegt es ja nur an mir, aber ich mag das Wort „versuchen“ nicht. Wenn Sie *versuchen,* etwas zu tun, klingt das für mich so, als würden Sie sich nicht wirklich alle Mühe geben – und wenn das der Fall ist, ist das Ergebnis schon so gut wie vorprogrammiert.

(Mal im Ernst, was sagt das letztlich über einen Menschen aus, wenn Sie ihn als jemanden beschreiben, der immer nur „versucht", etwas zu erreichen? Das heißt eigentlich nur, dass dieser Jemand unsere Geduld bis zum Gehtnichtmehr strapaziert!)

Denn irgendwo in unserem Gehirn wird das Wort „versuchen" ganz automatisch mit Formulierungen verknüpft, wie zum Beispiel „Er versuchte sein Bestes" und „Versuch es halt noch einmal" oder „Ich versuch mal, ob ich es schaffe". Das klingt fast so, als ob Sie mit der Formulierung **„ich versuche"**, etwas zu tun, eigentlich nur sagen wollen, dass Sie sich von vornherein darauf einstellen, Ihr Ziel nicht zu erreichen. Aus diesem Grund ersetze ich das Wort „versuchen" gern mit der besseren Alternative: **sich nach Kräften bemühen.**

Denn wenn Sie sich nach Kräften bemühen, etwas zu erreichen, signalisieren Sie damit nicht nur echte Entschlossenheit, sondern auch die Bereitschaft, an Ihrem Vorhaben festzuhalten, und die Fähigkeit, die Sache bis zu Ende durchzuziehen.

Eine Aufgabe, die Sie mit den Worten „Ich bemühe mich nach Kräften" in Angriff nehmen, klingt einfach danach, als müssten Sie ein großes Abenteuer oder eine lebensgefährliche Mission ins Polarmeer überstehen, wodurch diese Aufgabe natürlich augenblicklich noch viel reizvoller wird!

Ich möchte Ihnen gern anhand von einem meiner Lieblingsbeispiele vor Augen führen, worin der Unterschied zwischen „versuchen" und „sich nach Kräften bemühen" besteht.

Das Restaurant von Colonel Sanders lebte vom Durchgangsverkehr, doch als eine neue Autobahn gebaut wurde, kamen immer weniger Gäste und er musste seinen Laden schließlich zumachen. Er wollte sich zur Ruhe setzen, doch mit seiner recht kümmerlichen Militärpension sah er nicht gerade rosige

Zeiten auf sich zukommen. Das einzig Wertvolle, was er noch besaß, war ein verdammt leckeres Hähnchenrezept.

Er hatte zwar nicht das Geld, ein neues Restaurant aufzumachen, aber er überlegte sich, dass er doch sein Hähnchen-Rezept quasi als Franchise-Produkt von anderen Restaurants in Lizenz vertreiben lassen und so an jedem verkauften Hähnchengericht mitverdienen könnte. Immerhin hatte er ja sein geniales Hähnchengericht seit Jahren in seinem eigenen kleinen Restaurant verkauft. Wie schwierig könnte es wohl sein, dieses Vorhaben umzusetzen?

Die Antwort auf diese Frage lautete: Sehr schwierig.

Im ersten Restaurant, das er aufsuchte, wurde er mit den Worten „Wir haben schon ein eigenes gutes Hähnchenrezept; warum sollten wir dann noch Ihres kaufen?" höflich aufgefordert, wieder zu gehen. Genauso erging es ihm im nächsten Restaurant, als er sich nach Kräften bemühte, den Inhaber davon zu überzeugen, sein Rezept zu übernehmen.

Und im nächsten ebenfalls.

Doch er gab nicht auf.

Raten Sie doch mal, wie viele Absagen er kassierte, bis jemand sich einverstanden erklärte, sein superleckeres Rezept einmal auszuprobieren?

Der alte Colonel Sanders musste sage und schreibe 1.009 Klinken putzen, bis er jemanden fand, der ihm eine Chance gab, wodurch schließlich das legendäre Geschäftsimperium aus der Taufe gehoben wurde, das man heute unter dem Namen **Kentucky Fried Chicken** kennt.

Mal ehrlich, wie viele von uns wären vermutlich nach den ersten 50 Absagen der Meinung gewesen, dass wir unser Vorhaben aufgeben sollten (oder zumindest unser Hähnchenrezept noch einmal genau unter die Lupe nehmen sollten!)?

Und was wäre wohl nach *eintausend* Absagen gewesen?

Ich vermute, die meisten Menschen hätten es noch nicht einmal bis zur hundertsten Tür geschafft, weil sie nämlich schon lange vorher aufgegeben hätten, bevor sie überhaupt an der 1.009ten Tür hätten klingeln können. „Na ja, wir haben doch unser Bestes *versucht*" – wäre die angemessene Schlussfolgerung ihrer halbherzigen Bemühungen gewesen. Doch der gute alte Colonel war eben aus einem anderen Holz geschnitzt!

Colonel Sanders – ein echter Militärveteran, der sich in seiner Militärzeit eine gehörige Portion Hartnäckigkeit und eiserne Willensstärke angeeignet hatte – besaß jene unbeirrbare und energische Entschlossenheit, *sich nach Kräften zu bemühen* und nicht aufzugeben, bevor er sein Ziel nicht erreicht hatte.
Versuchen ist oft nur die Vorstufe zum Scheitern. Sich nach Kräften zu bemühen führt viel eher zum Erfolg.
Sicher denken Sie jetzt: „Aber das ist doch einfach nur Wortklauberei. Wieso ist es eigentlich so wichtig, ob wir „versuchen" oder „sich nach Kräften bemühen" sagen?"

Weil es wichtig ist, glauben Sie mir. **Denn unsere Worte bestimmen unsere innere Einstellung und unsere innere Einstellung bestimmt unser Leben.**

43.
ACHTEN SIE AUF IHRE WORTE, SIE VERÄNDERN IHR LEBEN

Unsere Worte haben Macht.
Sie haben die Macht,
unser Leben zu verändern –
entweder zum Besseren
oder zum Schlechteren.
Denn schon in der Bibel steht:

Tod und Leben steht in der Zunge Gewalt.

Doch was zum Kuckuck soll das heißen?!
Nun ja, ich denke, dass „versuchen" nicht das einzige Wort ist, das wir aus unserem Wortschatz verbannen sollten.
Nehmen wir doch zum Beispiel das Wort „Problem" – bei diesem Wort überkommt mich sofort so ein negatives Gefühl von Ärger, Schwierigkeiten und Stress. Ich sage stattdessen lieber „Herausforderung". Und urplötzlich sehe ich die Angelegenheit, die mir zuvor noch beklemmend und negativ erschien, in einem anderen Licht – sie wird zu einem Hindernisparcours, den ich überwinden muss.
Achten Sie ganz bewusst darauf, positive Wörter zu verwenden, weil Sie so nicht nur Ihre innere Einstellung gegenüber der jeweiligen Situation verändern, sondern auch Ihr Leben positiv beeinflussen können.

Haben Sie das verstanden? **Unsere Wörter beeinflussen unser Leben.**

Das ist auch der Grund dafür, warum ich noch nie in meinem Leben eine „Erkältung" hatte. Allerdings habe ich durchaus hin und wieder mal Temperatur gehabt! Außerdem weigere ich mich, das Wochenende als Ende der Woche zu betrachten, denn das klingt in meinen Ohren so, als wäre der Zeitpunkt gekommen, an dem die Woche aufhört und das Leben komplett stillsteht. Aber das Gegenteil ist der Fall, denn für mich sind diese beiden „arbeitsfreien" Tage einfach der Auftakt zu jeder Menge Freizeitspaß und Aktivität. (Ich garantiere Ihnen, dass Sie sehr viel mehr mit diesen 48 Stunden anzufangen wissen, sobald Sie sich das einmal bewusst machen!)
Und wie sieht es mit dem Wecker aus, bei dem Sie die „Alarmzeit" eingeben müssen? Für mich heißt „Alarm", dass ein Notfall eingetreten und mein Leben in Gefahr ist. Sich zur „Alarmzeit"

wecken zu lassen – ist das nicht schrecklich, seinen Tag so zu beginnen? Ich sage lieber „Chancen-" oder „Erfolgszeit" dazu, denn wenn ich mir vorstelle, dass ich geweckt werde, damit ich die Chance nutzen kann, mein Leben erfolgreich in die Hand zu nehmen und meine Lebensziele zu verwirklichen, dann fühlt sich das sogar echt gut an, wenn der Wecker klingelt.

Allerdings gibt es da noch eine Formulierung, die Sie aus Ihrem Wortschatz streichen sollten: Sie ist mit Abstand die schlimmste von allen und heißt „kann nicht" oder „nicht möglich".

Wenn ich höre, dass ein Expeditionsmitglied sagt, das sei „nicht möglich", kann ich es mir einfach nicht verkneifen, korrigierend hinzuzufügen: „Bis jetzt haben wir nur noch keinen Weg gefunden, wie wir das machen können."

Doch genau hier beginnt das Abenteuer!

Wenn Sie es sich zur Gewohnheit machen, positive Wörter und Formulierungen wie diese zu verwenden, werden sicher eine Menge Leute denken, Sie seien verrückt. Doch die gute Nachricht ist, dass Sie diese Leute zum Schmunzeln bringen und dass Sie – indem Sie über Ihre Lebensziele reden – durch Ihre Worte jene Erfolgsvision, jene Art von Realität entstehen lassen, von der die meisten Menschen nur träumen können …

Und um das zu erreichen, nehme ich gern in Kauf, dass die Leute sagen, ich sei verrückt. Und wie steht's mit Ihnen?

44.
VERTRAUEN SIE DARAUF, DASS DER BERG IHNEN KRAFT GIBT

Das ist etwas, was ich in jungen Jahren nie so richtig begriffen habe. Einer meiner großen Helden, Sir Edmund Hillary, hat immer gesagt, dass der Berg ihm eine unbändige Kraft gegeben hat, doch ich konnte einfach nicht verstehen, was er damit meinte. Bis zu jenem Tag, an dem ich selbst diese Erfahrung machte.

Ich will es Ihnen erklären …

Ein Berg – mit all seinen naturbedingten Schwierigkeiten und Hindernissen, der uns fordert – ist im Grunde genommen nichts anderes als ein Kampfplatz, wo wir herausfinden können, aus welchem Holz wir geschnitzt sind. **Jede Herausforderung hoch oben in den Bergen bietet uns die einzigartige Chance, tief in unserem Innern eine Willensstärke zu entdecken, dank der wir überleben und Schwierigkeiten meistern.** Dazu müssen wir nicht nur bereit sein, tief genug zu graben, sondern uns auch hart und lange genug anzutreiben, um jene Kraft in uns zu finden.

Die meisten Menschen geben jedoch auf, bevor sie diese Kraft, diese Willensstärke gefunden haben. Das ist auch der Grund, warum die meisten Menschen nie bis zum Gipfel ihrer Lebensziele vordringen.

Sie geben auf, wenn es stürmisch wird und sie lassen den Mut sinken, wenn es schwierig wird.

Doch ich habe in den Bergen gelernt, dass der Wind immer stürmischer wird, je näher man dem Gipfel kommt. (Es gibt eine wissenschaftliche Erklärung für dieses Phänomen, den sogenannten Venturi-Effekt, der dann entsteht, wenn der Wind in den Bergen auf Steilwände und tiefe Schluchten trifft. Durch den verringerten Strömungsquerschnitt nimmt dann die Windgeschwindigkeit an der Engstelle zu, weil der Wind zusammengepresst und dadurch beschleunigt wird. So kommt es, dass am Gipfel der Wind meist ziemlich kräftig bläst.)

Verzweifeln Sie nicht und lassen Sie den Mut nicht sinken, wenn es mal schwierig wird; lassen Sie sich nicht abschrecken, sondern stellen Sie sich der Herausforderung, lassen Sie sich nicht unterkriegen und lassen Sie sich auf den Berg ein. Denn wenn Sie das tun, wird der Berg Sie belohnen; er wird Ihnen die nötige Kraft und Willensstärke „geben", diese Herausforderung zu bewältigen. Ich bin mir nicht immer sicher, woher diese

Kraft und Willensstärke kommt, doch ich habe sie schon oft tief in mir drin gespürt. Und je schwieriger es wurde, desto mehr habe ich gespürt, wie diese Kraft sich in mir aufgebaut hat.

Stellen Sie sich der Herausforderung, nehmen Sie die Schinderei auf sich und arbeiten Sie sich weiter voran, damit der Berg in Ihnen jene Kraft und Willensstärke zum Vorschein bringt, die Sie in sich tragen.

Edmund Hillary hat diese Kraft gefunden, viele andere Abenteurer haben sie gefunden, als ihr Schicksal wirklich am seidenen Faden hing, und ich habe sie gefunden. Das Entscheidende, um diese Kraft in sich zu entdecken ist, dass Sie bereit sind, weiterzugehen und Kraft und Energie aus dem Aufstieg oder dem Hindernis zu schöpfen. Beherzigen Sie diesen Rat, dann werden Sie diese Kraft in sich finden. Graben Sie ein wenig tiefer, gehen Sie immer ein Stückchen weiter, dann werden Sie den Gipfel schließlich irgendwann immer deutlicher erkennen. Vielleicht schaffen Sie das erst im Morgengrauen, wenn die Sonne aufgeht, doch wenn Sie nur lange genug durchhalten, dann werden Sie dem Gipfel unweigerlich immer näher kommen.

Denn sehr oft ist die dunkelste Stunde immer vor Sonnenaufgang.

Sie müssen einfach nur jene dunklen Stunden überstehen – geben Sie nicht auf, vertrauen Sie darauf, dass der Berg Ihnen Kraft gibt und Ihnen hilft, denn dann werden Sie auch den Berg in sich selbst bezwingen.

45.
KEIN PLAN ÜBERLEBT DIE ERSTE FEINDBERÜHRUNG

HELMUTH VON MOLTKE, PREUSSISCHER GENERALFELDMARSCHALL

Es spielt überhaupt keine Rolle, wie intensiv Sie sich auf etwas vorbereitet haben – sei es auf eine Expedition, eine Prüfung, eine Ehe oder einen Wettkampf –, denn sobald Sie sich mitten im Geschehen befinden, nehmen die Dinge ihren Lauf, und zwar unabhängig davon, wie vorausschauend und gut Sie geplant haben.

Es ist unmöglich vorherzusehen, was bei einem Abenteuer alles passieren kann, und deshalb sollten Sie lieber lernen, flexibel zu sein und die Dinge so zu nehmen, wie sie kommen, oder aber Sie sind verratzt – so einfach ist das.

Mike Tyson hat den mittlerweile berühmten Satz gesagt: „Jeder hat einen Plan ... bis er so richtig eins auf die Fresse kriegt!"

Und bei einem echt waghalsigen Abenteuer – da können Sie Gift drauf nehmen – werden Sie ganz schnell ordentlich eins auf die Fresse kriegen. **Rechnen Sie daher immer mit dem Unberechenbaren und denken Sie daran: Gefahr erkannt, Gefahr gebannt.**

Denn wenn Sie sich darüber im Klaren sind, dass vieles im Eifer des Gefechts schiefgehen kann und wird, haben Sie die Schlacht im Grunde schon halb gewonnen. Das heißt, wenn das passiert, sind Sie darauf vorbereitet – Sie können schnell reagieren, bleiben Herr der Lage und können so den Gefahren trotzen und überleben.

Jedes Mal, wenn die Dinge eine Wende zum Schlechteren nahmen, hielten wir uns beim SAS streng an die IAO-Regel: „Improvisieren. Anpassen. Oberhand gewinnen." Das ist der Leitsatz, den man sich unbedingt merken sollte – ein hervorragender Wegweiser, wie man unberechenbare Situationen in den Griff bekommt.

Wenn wir Menschen plötzlich mit etwas Unvorhersehbarem konfrontiert werden oder etwas uns kalt erwischt, sind wir meistens starr vor Schreck – das ist eine ganz normale Schockreaktion. Doch wenn Sie starr sind vor Schreck, sind Sie nicht mehr Herr der Lage. Lernen Sie daher, immer auf das Unerwartete gefasst zu sein, und wenn diese Situation dann eintritt, lächeln Sie einfach selbstbewusst und betrachten Sie dies als klares Zeichen dafür, dass Sie auf dem besten Weg sind, erfolgreich zu werden.

Denn wenn nie etwas schiefläuft, haben Sie sich auch keine ambitionierten Ziele gesteckt!

Außerdem möchte ich Ihnen gern mit auf den Weg geben, dass das wahre Abenteuer erst beginnt, sobald die Dinge ein wenig aus dem Ruder laufen.

Denn erst dann erhalten Sie die Chance, den größten Gefahren ins Auge zu sehen, mit denen die Natur Ihnen das Leben schwermachen kann. Wenn dagegen alles nach Plan läuft, wenn absolut jedes Teil der Ausrüstung perfekt funktioniert und wenn das Wetter freundlich ist, kann ein solches „Abenteuer" unmöglich eine echte Bewährungsprobe darstellen. Es ist leicht, den Helden zu markieren, wenn alles wie am Schnürchen läuft.

Aber erst, wenn alles schiefläuft und das Leben sich wie ein einziger Kampf anfühlt, sind wir in der Lage zu begreifen, wozu wir fähig und wer unsere Freunde sind. Denn gerade durch Zeiten großer Not oder Schwierigkeiten wird unser Charakter nachhaltig geprägt.

Wer nicht mit Widrigkeiten zu kämpfen hat, kann auch nicht wachsen – körperlich wie seelisch.

Stellen Sie sich dem Unvorhersehbaren, schöpfen Sie Kraft daraus und üben Sie sich in der Kunst, unangenehme Überraschungen wegzustecken, denn dann haben Sie sich ein weiteres solides Persönlichkeitsmerkmal erarbeitet, das Sie auf Ihrem Weg zum Erfolg ein großes Stück weiterbringt.

46.
DREI UNVERZICHT-
BARE CHARAKTER-
EIGENSCHAFTEN ...

Wenn ich drei grundlegende Charaktereigenschaften nennen müsste, die Sie
auszeichnen und von denen Sie sich in allen
persönlichen und geschäftlichen Situationen
leiten lassen sollten – Eigenschaften, die
unverzichtbar sind, wenn Sie Erfolg haben
wollen –, dann sind es die folgenden drei.

Wenn Sie sich daran halten, werden Sie nicht nur Ihre Mitmenschen, sondern auch den Erfolg anziehen.

Kann's losgehen ...?

1. STEHEN SIE ZU IHREM WORT

Diese Eigenschaft ist mittlerweile ziemlich rar geworden.

Denn heutzutage geben viele Menschen so leichtfertig ein Versprechen – sei es vor dem Traualtar oder bei anderen Gelegenheiten –, als wäre es ihnen völlig egal, ob sie ihr einmal gegebenes Wort brechen und damit ihre Ehre verlieren und auch ihre Glaubwürdigkeit.

Aber wenn Sie sich einen Namen machen als jemand, der schlicht und ergreifend das tut, was er sagt, werden Sie aus der breiten Masse herausstechen wie ein Leuchtfeuer in der Nacht.

Denn Licht zieht Menschen immer magisch an.

Wenn Sie nämlich zu Ihrem Wort stehen, heißt das, dass die Leute Ihnen vertrauen können, dass sie Ihnen glauben und auch gern mit Ihnen zusammenarbeiten werden.

Wen, glauben Sie, will ich wohl in einer Seilschaft auf einem hohen Berg an meiner Seite wissen – den Mann, der allen Widrigkeiten und Entbehrungen zum Trotz still und ohne großes Aufheben das tut, was er sagt, oder den Mann, der aus reiner Bequemlichkeit gern vergisst, der mit theatralischem Gehabe hinschmeißt oder sich davor drückt, den schweren Rucksack zu schleppen oder die öden alltäglichen Pflichten zu verrichten?

Wort zu halten, ist im Prinzip nicht so schwer, aber manchmal ist es eben auch mit erheblichen Schwierigkeiten verbunden. Insbesondere dann, wenn unsere Gefühle uns in die Quere kommen oder die Umstände sich gegen uns verschworen haben. Doch wortbrüchig zu werden und andere im Stich zu lassen, ist dabei immer die bequeme Alternative – und absolut typisch für Feiglinge.

Deshalb sollten Sie in Ihrem Leben diesen einfachen Grundsatz beherzigen: **Halten Sie Wort, lösen Sie Ihre Versprechen ein und erfüllen Sie die Verpflichtungen, die Sie eingegangen sind.**
Das ist eine simple Methode, um sich deutlich von der Masse abzuheben.

2. SEIEN SIE STETS EHRLICH UND BETRÜGEN SIE NICHT

Die meisten von uns stehen jeden Tag in ihrem Leben vor der Wahl, entweder ehrlich zu sein oder zu betrügen. Auch wenn es sich in den meisten Fällen um kleine belanglose Dinge handelt, so geht es dabei in erster Linie nicht um die „Dinge" selbst, sondern vielmehr darum, dass sich dadurch bestimmte Gewohnheiten und Verhaltensmuster einschleifen.

Denn wenn wir uns in kleinen Dingen als vertrauenswürdig erweisen, dann fällt es uns leichter, uns auch in den großen und wichtigen Dingen als vertrauenswürdig zu erweisen.

Es gibt nur einen Grund, warum ich Leuten aus dem Weg gehe, und zwar dann, wenn mich das Gefühl beschleicht, dass sie nicht ehrlich sind. Denn wenn ich mitbekomme, dass jemand anderen gegenüber nicht ehrlich ist, muss ich annehmen, dass er auch mir gegenüber nicht ehrlich sein wird. Schließlich ist das Leben viel zu kurz, als dass Sie sich mit Betrügern abgeben sollten, zumal diese Sie allzu leicht um Ihren hart erkämpften Erfolg bringen können.
Sie sollten daher nicht nur über eine gute Menschenkenntnis verfügen, sondern vor allem auch aufrichtig und ehrlich mit Ihren Mitmenschen umgehen. Denn die Leute spüren das; sie **165**

schätzen das und sie werden Sie deshalb auch gern an ihrer Seite haben.

3. SEIEN SIE EIN GUTER KRISENMANAGER

Mit dieser letzten erfolgsrelevanten Charaktereigenschaft auf meiner Liste der magischen Top 3 beziehe ich mich auf jene Fähigkeit, gerade in Zeiten der Krise zur Höchstform aufzulaufen und voll Zuversicht alles zu geben, um einen Ausweg zu finden.

Ob Sie zu einem Abenteuer aufbrechen, ein Unternehmen gründen oder einen Berg besteigen – in jeder dieser Situationen gibt es eine kritische Phase – einen alles entscheidenden Augenblick, in dem der Ausgang der gesamten Mission in der Luft hängt ... Aber das ist schließlich die Voraussetzung, um überhaupt erfolgreich zu sein.

Das ist genau jener Augenblick, in dem Sie sich bewähren und über sich hinauswachsen müssen.

Er dauert in den seltensten Fällen länger als 24 Stunden, allerdings ist es für den Ausgang der Mission meist von entscheidender Bedeutung, wie Sie in diesen kritischen Stunden reagieren und handeln.

Stellen Sie sich also auf diese kritische Phase ein, behalten Sie einen kühlen Kopf und handeln Sie entschlossen.

Ruhen Sie nicht, bis die Krise erfolgreich überstanden ist: Haben Sie Ihre Augen überall und kümmern Sie sich um alles; arbeiten Sie ohne Pause und ohne in Ihrer Kraftanstrengung nachzulassen, bis Sie das Schiff sicher durch den Sturm gebracht haben.

Übernehmen Sie das Ruder, geben Sie das Kommando, hängen Sie sich voll rein und kämpfen Sie Seite an Seite mit Ihrer Mannschaft; fordern Sie sämtliche Gefallen ein, mobilisieren Sie all ihre Kraftreserven und hören Sie nicht auf,

Ihr Bestes zu geben, bis Sie das Schiff sicher in den Hafen gesteuert haben.

In diesem Augenblick kommt es ganz allein auf Sie an: Sehen Sie der Gefahr ins Auge, unterdrücken Sie Ihre Angst, handeln Sie entschlossen und steuern Sie Ihr Schiff sicher durch den Sturm in den Hafen.

Und noch etwas: Ganz egal, wie groß Ihre Angst auch sein mag, geraten Sie bloß nicht in Panik! Denn das ist das Schlimmste, was Sie tun können, weil panische Angst nur dazu beiträgt, dass Sie keinen klaren Gedanken mehr fassen können. Wenn Sie also spüren, dass Panik in Ihnen aufsteigt, werfen Sie sie über Bord. Machen Sie sich klar, dass kopflose Aktionen Sie nicht weiterbringen, dass Sie rational vorgehen müssen und auf gar keinen Fall pessimistische Gedanken zulassen dürfen – und anschließend konzentrieren Sie sich wieder auf die vor Ihnen liegende Aufgabe!

Wenn Sie die Krise dann – angeschlagen, erschöpft, aber lebend – überstanden haben, gehen Sie mit Ihrer Frau, Ihrem Team oder Ihrem Partner schön essen und feiern Sie! Das haben Sie sich schließlich verdient: Sie haben Gelassenheit im Sturm bewiesen, Entschlossenheit im Kampf und eiserne Willensstärke in der Krise. Und wieder einmal werden Ihre Mitmenschen daran erinnert, dass sie mit Ihnen einen großartigen Menschen an ihrer Seite haben. Schließlich umgeben wir uns doch alle gern mit erfolgreichen Menschen.

Jetzt kennen Sie also die magischen drei Charaktereigenschaften auf dem Weg zum Erfolg – Sie können nur davon profitieren, wenn Sie sie fest in Ihrem Herzen und in Ihren Gedanken verankern. Denn alle Champions, die ich in meinem Leben bewundere – ganz gleich auf welchem Gebiet –, lassen fast ausnahmslos diese drei Charaktereigenschaften in sehr ausgeprägter Weise erkennen.

47.
ENGAGIEREN SIE SICH EHRENAMTLICH

Es gibt eine Sache, die in unserer modernen Gesellschaft ziemlich aus der Mode gekommen ist, die jedoch das Leben eines Menschen nahezu ausnahmslos verbessern und bereichern kann, nämlich sich ehrenamtlich zu engagieren. Denn damit trägt man ganz automatisch dem Lebensgrundsatz Rechnung: „Um etwas zu bekommen, muss man zuerst etwas geben."

Menschen, die freiwillig Zeit und Energie aufwenden, um ihren Mitmenschen zu helfen, haben zwangsläufig immer das Gefühl, dass ihr Leben dadurch sehr viel reicher, glücklicher und erfüllter ist.

Als Chief Scout genieße ich das Privileg, dass ich unendlich viele Pfadfindergruppen überall auf der Welt besuchen kann. Ich lerne viele junge Menschen kennen, die große Hoffnungen und Träume hegen, die Mut und Fröhlichkeit ausstrahlen und die sich engagieren, um Gutes zu tun. Von ihnen geht eine so unglaubliche Energie aus, dass ich immer wieder staunen muss, wie sehr mich diese jungen Leute doch inspirieren.

Die Pfadfinderbewegung ist wirklich bemerkenswert: Sie ist mit 28 Millionen Mitgliedern weltweit die größte Jugendbewegung aller Zeiten – eine große, eingeschworene Gemeinschaft, die sich nicht nur von positiven Werten und einer lebensbejahenden Einstellung leiten lässt, sondern sich auch gegenseitige Hilfsbereitschaft und soziales Engagement zur Pflicht gemacht hat. Das ultimative Geheimrezept für ein erfolgreiches Leben!

Im Wesentlichen besteht meine Aufgabe als Chief Scout darin, die jungen Menschen zu motivieren, und dafür hänge ich mich voll rein: Ich vermittle ihnen so viele Fertigkeiten, wie ich nur kann; ich verbringe Zeit mit Jungpfadfindern, indem ich mit ihnen kleine Abenteuer unternehme und sie dazu ermutige, all ihre Hoffnungen und Träume zu leben. Es ist eine ehrenamtliche Tätigkeit, in die ich viel Zeit, Herzblut und Energie investiere.

Aber wissen Sie was? In Wirklichkeit ist es so, dass am Ende immer ich derjenige bin, der sich nach unseren Zusammenkünften am meisten beflügelt fühlt. Jedes Mal. Begeistert. Bewegt. Energiegeladen. Motiviert. Das passiert eben, wenn Sie sich ehrenamtlich engagieren. Denn wenn Sie geben, bekommen Sie auch immer etwas zurück.

Soziales Engagement war schon von jeher zentraler Bestandteil des Pfadfindergedankens, denn überall auf der Welt geloben Pfadfinder bis zum heutigen Tag, wenn sie ihr Pfadfinderversprechen ablegen, anderen Menschen jederzeit zu helfen. Und das tun sie auch: Fast die Hälfte aller Pfadfinder übernehmen in ihrer Gemeinde eine ehrenamtliche Aufgabe – sie erledigen Hilfsarbeiten in Krankenhäusern, unterstützen Tierschutzprojekte oder leisten älteren Menschen Gesellschaft.

Sie sehen, gute Menschen können gar nicht anders, als Gutes zu tun! Gute Taten sind wie eine Quelle, wie ein Fluss, der unermüdlich fließt und immer größer wird. Je mehr Sie geben, desto mehr bekommen Sie zurück.

Ich betrachte ehrenamtliches Engagement als eine Art Charakterschmiede. Denn dadurch lernen wir, dass es im Leben weitaus Wichtigeres gibt, als die neuesten Klamotten zu besitzen oder eine Gehaltserhöhung zu bekommen. Es führt uns einmal mehr vor Augen, dass wir im Grunde das höchste Glück empfinden, wenn wir alle mit vereinten Kräften auf ein gemeinsames Ziel hinarbeiten und durch unseren Einsatz anderen Menschen helfen und eine Perspektive geben können.

Wenn Sie eine ehrenamtliche Tätigkeit übernehmen, heißt das aber auch, dass Sie Ihr normales Umfeld verlassen und sich einer ganz neuen Herausforderung – möglicherweise auch einer sehr schwierigen Aufgabe – stellen müssen. Doch dadurch bietet sich Ihnen auch immer die Chance, sich als Mensch und als Persönlichkeit weiterzuentwickeln. **Denn erst wenn wir uns Herausforderungen stellen, begreifen wir, was wir tatsächlich zu leisten in der Lage sind. Außerdem wächst unser Selbstvertrauen mit jeder neuen Herausforderung, die wir angenommen und erfolgreich gemeistert haben.**

Mir ist durchaus klar, dass jeder von uns einen randvollen Terminkalender hat, aber fast all die großartigen freiwilligen Helfer, denen ich bisher begegnet bin und die still im Verborgenen wirken, sind viel beschäftigte Leute. Sie sind Macher, sie packen die Dinge an und sie gehen einfach darin auf, wenn sie anderen Menschen helfen können. Denn durch ihr ehrenamtliches Engagement bekommen sie so unendlich viel zurück: So viel, was man mit Geld nicht kaufen und mit Worten nicht erklären kann. Allerdings habe ich eins gelernt: Wenn man sich für etwas Zeit nehmen will, kommt es nicht wirklich darauf an, wie viel Arbeit man hat und wie voll der Terminkalender ist. Es kommt in erster Linie darauf an, was man für ein Mensch ist, das heißt, wie man sein Leben strukturiert und welche Prioritäten man setzt.

Und deshalb sollten Sie sich nach Kräften bemühen, Ihre Arbeitsverpflichtungen und Termine in den Griff zu bekommen. Erledigen Sie zügig und zielstrebig als Erstes Ihre alltäglichen Aufgaben und Pflichten, denn dann können Sie den Rest Ihrer Zeit produktiv und kreativ nutzen. Und widmen Sie einen kleinen Teil Ihrer so gewonnenen Freizeit einer ehrenamtlichen Tätigkeit.

Eine Stunde pro Woche kann schon ausreichen, um das Leben eines Ihrer Mitmenschen nachhaltig zu verändern – und Sie werden überrascht sein, wie sehr sich dadurch auch Ihr eigenes Leben verändert.

48.
EFFIZIENTES ZEITMANAGEMENT IST EIN ABSOLUTES MUSS!

Denn wie heißt es so schön: Wenn du willst, dass etwas erledigt wird, dann beauftrage jemanden damit, der viel zu tun hat – und das stimmt auch. Denn viel beschäftigte Menschen sind Macher: Sie packen die Dinge an, sie planen ihre Zeit präzise, um allen Aufgaben gerecht zu werden, und sie haben Ergebnisse vorzuweisen.

Mein Kumpel Mark ist einer der fleißigsten und umtriebigsten Menschen, die ich je kennengelernt habe. Er hat vier Kinder, leitet verschiedene Pfadfindergruppen, engagiert sich ehrenamtlich in seiner Gemeinde, hält sich fit, treibt Sport mit seinen Kindern, führt seine Frau nett zum Essen aus, hat mir dabei geholfen, zahllose Expeditionen und Einsätze zu organisieren, und leitet rein zufällig im Auftrag der britischen Eisenbahn obendrein noch das 24-Stunden-Kriseninterventionsteam!

Doch wie es scheint, bewältigt Mark dieses Arbeitspensum auf ruhige, strukturierte und disziplinierte Art und Weise, und zwar sehr zielstrebig und noch dazu mit einem Lächeln auf den Lippen. Was ist sein Geheimnis?

Er teilt sich seine Zeit sehr gut ein und verschiebt nicht auf morgen, was er heute erledigen kann. Er nimmt jeden Tag alle schwierigen Aufgaben direkt in Angriff. Er schiebt eben nicht – wie viele Leute das gern machen – die schwierigen Gespräche, das mühsame Konditionstraining oder die unliebsamen Pflichten vor sich her. **Nein, er nimmt sich schwierige Aufgaben immer als Erstes vor, das heißt, er fängt mit einer an und hört nicht eher auf, bis alles erledigt ist.**

Mark hasst es, wenn angefangene Aufgaben halb fertig liegen bleiben. Er sagt immer, dass dieser Kram nur unnötig seinen Posteingangsordner blockiert oder seine To-do-Liste aufbläht. Deshalb bringt er am liebsten eine Aufgabe, die er angefangen hat, auch zu Ende; erst danach nimmt er sich die nächste Aufgabe vor.

Ich habe ihn einmal gefragt, ob er eigentlich schon immer so gut organisiert gewesen sei, und bekam die Antwort: „Keineswegs – allerdings hat sich das schlagartig geändert, als ich eine Einladung auf die Fidschis bekam!"

Da wurde ich neugierig: „Wie jetzt, wieso auf die Fidschis?"

Lesen Sie nur weiter, dann werden Sie verstehen, was passiert war …

49.
FLIEGEN SIE AUF
DIE FIDSCHIS …
JEDEN TAG!

Wissen Sie,
Mark war nicht schon immer
so gut organisiert wie heute.

Genau genommen – so hat er mir erzählt – begann früher jeder Tag für ihn damit, dass er eine schier endlose Aufgabenliste vor Augen hatte. Beim Anblick dieser Liste seufzte er jedes Mal schwer und pickte sich dann wahllos ein paar Aufgaben heraus, die ihm entweder Spaß machten oder leicht zu erledigen waren. Dann machte er sich ganz gemütlich daran, diese Aufgaben abzuarbeiten, bis er sich entweder vom Klingeln an der Haustür, seinen Kindern, seiner Frau oder seinem Hunger gern mal von seiner Arbeit ablenken ließ.

Doch am Ende seines Arbeitstages waren die schwierigen Aufgaben noch immer nicht erledigt, und so wurde die Liste immer länger, bis ihm seine Arbeit irgendwann überhaupt keinen Spaß mehr machte.

Kennen Sie dieses Gefühl?

Eines Tages erhielt Mark jedoch einen Anruf von seinem besten Kumpel.

Dieser forderte ihn auf, sich erst mal hinzusetzen, weil er ihm ein paar tolle Neuigkeiten zu berichten hätte. Mark war ganz gespannt.

Sein Kumpel erzählte ihm, dass er bei einem Preisausschreiben gewonnen und den Hauptgewinn abgeräumt habe: zwei Flugtickets erster Klasse auf die Fidschis, eine Woche in einem 5-Sterne-Hotel, alles inklusive plus 10.000 Dollar Taschengeld für ihn und einen Freund ... Dann fragte er Mark, ob er denn nicht Lust hätte, mit ihm auf die Fidschis zu fliegen. Na logo!

Mark war total aus dem Häuschen. Da er schon immer mal auf die Fidschi-Inseln wollte und zudem völlig überarbeitet und absolut urlaubsreif war, packte er diese Gelegenheit sofort beim Schopf.

Der einzige Wermutstropfen war jedoch, dass die Flugtickets innerhalb der nächsten zwei Tage eingelöst werden mussten.

„Zwei Tage?", wiederholte Mark. „Aber ich habe doch noch diese schrecklich lange To-do-Liste abzuarbeiten und ich brauche mindestens zwei Wochen, um meinen Schreibtisch klar Schiff zu machen, bevor ich in Urlaub gehen kann." Doch der Abflugtermin stand fest – entweder er schafft es oder er bleibt zu Hause. Die Entscheidung fiel ihm nicht schwer.

Mark hatte also nur einen Tag, um seinen Schreibtisch in Ordnung zu bringen, das heißt, er musste ein Pensum, wofür er sonst zehn Arbeitstage gebraucht hätte, an einem bewältigen.

Am nächsten Morgen, noch vor Sonnenaufgang, war Mark schon sehr früh wach und machte sich fertig, um dieses Wahnsinnsvorhaben in Angriff zu nehmen und seine lange Aufgabenliste abzuarbeiten.

Er genehmigte sich nur schnell eine Tasse Tee, machte ein paar Dehnübungen und klemmte sich voller Elan und hoch konzentriert hinter seinen Schreibtisch. Er musste unbedingt diesen Riesenberg Arbeit erledigen, und zwar *heute*, damit er auf die Fidschis fliegen konnte.

An diesem Morgen arbeitete er wie noch nie zuvor in seinem Leben: Er verschob die schwierigen Aufgaben nicht auf später und pickte sich nur die angenehmen heraus. Oh nein, nicht an diesem Tag. Mark fing ganz oben mit der ersten Aufgabe auf seiner Liste an und nahm ganz gewissenhaft die nächste Aufgabe erst dann in Angriff, wenn die davor erledigt war – abgeschlossen, abgehakt und vom Tisch.

Er machte es wie ein Rhinozeros: Er ging zum Frontalangriff über – zielstrebig und mit vollem Einsatz nahm er sich diese Liste vor. Schließlich winkte ein toller Urlaub. Jede schwierige Aufgabe nahm er energisch in Angriff und setzte alles daran, sie zu erledigen, indem er beharrlich alle Hindernisse aus dem Weg räumte, bis er schließlich die Aufgabe erfolgreich zu Ende gebracht hatte.

Bis zur Mittagszeit hatte er bereits die Hälfte seiner Horrorliste abgearbeitet. Dabei arbeitete er so hoch konzentriert, dass er sogar das Mittagessen vergaß, und als es vier Uhr nachmittags war, hatte er doch tatsächlich die gesamte Liste abgearbeitet. Er lehnte sich zufrieden zurück, stieß einen tiefen

Seufzer der Erleichterung aus und war total verblüfft, wie er es bewerkstelligt hatte, ein Arbeitspensum, wofür er sonst zwei Wochen gebraucht hätte, doch tatsächlich in einem knappen Tag zu bewältigen.

Während Mark so dasaß und sich unbändig darüber freute, was er heute alles geschafft hatte, schoss ihm ein Gedanke durch den Kopf, der künftig Marks Leben komplett verändern sollte… „Wie wäre es denn, wenn ich jeden Tag auf die Fidschis fliegen würde?!"

Stellen Sie sich doch nur einmal vor, was wir alles schaffen könnten, wie viele Aufgaben wir erfolgreich erledigen, wie vielen Menschen wir helfen, wie viele Abenteuer wir unternehmen und wie viele Sprossen wir auf der Karriereleiter hochklettern könnten … wenn wir einfach all diese Dinge mit dieser rigorosen „Fidschi-Einstellung" in Angriff nehmen würden.

Genau deshalb sage ich mir oft, wenn ich sehr viel um die Ohren habe: „Bear, es ist an der Zeit, auf die Fidschis zu fliegen!"

50.
SORGEN SIE DAFÜR, DASS SIE STETS GUT GEERDET SIND

Wann haben Sie sich eigentlich das letzte Mal zu einem abenteuerlichen Ausflug in die freie Natur aufgemacht? Und ich meine eine wirklich abenteuerliche Tour, bei der Sie ins Ungewisse aufgebrochen sind, nur mit einer Karte und einem Kompass in der Hand, einem Rucksack und einem Schlafsack – jene Art von Abenteuer, bei dem wir schon mal Herzklopfen bekommen.

Kennen Sie dieses Gefühl, wenn man wie gebannt den Geräuschen der Nacht lauscht – dem Regen, der gegen die Zeltplane prasselt, den Blättern, die im Wind rauschen, oder dem schrillen Schrei einer Eule? Es ist ein Gefühl von absoluter Freiheit und Verbundenheit mit der Natur – eine einmalige Gelegenheit, um wieder zu uns selbst zu finden und wieder mit Mutter Erde in Einklang zu kommen.

Eine Nacht in freier Natur macht uns wieder bewusst, dass das Beste im Leben nicht die materiellen Dinge sind.

Denn mit Geld lässt sich nicht jene friedliche Stille kaufen, die man in sich spürt, wenn man an einem Gebirgsbach sitzt und dem leisen Plätschern des Wassers lauscht, das sich seinen Weg durch den Fels und das Heidekraut bahnt.

Denn mit Geld lässt sich nicht jene Inspiration kaufen, die man spürt, wenn man hoch oben auf einer Felsklippe sitzt und beobachtet, mit welcher Wucht die tosende Meeresbrandung unaufhörlich gegen die Steilwand donnert.

Gefühle lassen sich eben nicht einfach so einfangen und konservieren.

Nachts am Lagerfeuer zu sitzen und hinaufzuschauen in den hell erleuchteten Sternenhimmel, das ist die älteste und schönste Beschäftigung, die es gibt. Denn es erinnert uns an unseren Platz in der Welt und in der Geschichte – und da fällt es schwer, nicht demütig zu sein.

Diese einfachen Dinge kosten so wenig und dennoch schenken Sie uns so viel – wertvolle Zeit, um innerlich zur Ruhe zu kommen: Zeit, um wieder zu uns selbst zu finden; um wieder den Kopf freizubekommen von all dem Ballast; um uns wieder an unsere Träume zu erinnern und um uns wieder darauf zu besinnen, welche Dinge im Leben wirklich wichtig sind.

Wir alle brauchen das hin und wieder in unserem Leben – sogar viel mehr, als wir uns das vielleicht vorstellen können.

Mein Großvater hatte immer einen kleinen Bilderrahmen mit dem folgenden Spruch auf seinem Nachttisch stehen:

Es ertönt immerzu Musik im Garten, doch in unseren Herzen muss es sehr still sein, damit wir sie hören können.

Deshalb sollten Sie sich hin und wieder einfach Ihren Rucksack schnappen, losmarschieren und sich eine Nacht unter freiem Himmel gönnen. Auch wenn es nur für eine Nacht ist oder Sie die Nacht in Ihrem Garten verbringen.

Draußen unter freiem Himmel, in freier Natur verbindet uns eine universelle und tief in uns verwurzelte Sprache, die wir alle verstehen, sobald wir dazu bereit sind, sie zu entdecken.

Denn wenn Sie erst einmal gelernt haben, einen Palstek zu knüpfen oder ein einfaches Essen zuzubereiten über einem Lagerfeuer, das Sie selbst gemacht haben, werden Sie das Ihr Leben lang nicht mehr vergessen. Wer würde nicht gern wissen, wie man ohne Streichholz Feuer macht? Schließlich ist das eine der größten und ältesten Errungenschaften des Menschen.
Diese Fähigkeiten und Erfahrungen sind so tief in unserem Unterbewusstsein verwurzelt, dass es nicht verwunderlich ist, dass sie eine so beruhigende Wirkung auf uns haben. Es hat damit zu tun, dass wir dadurch zu uns selbst finden und begreifen, woher wir alle kommen. Und wenn wir uns diese Tatsache hin und wieder ganz bewusst vor Augen führen, trägt das dazu bei, dass wir unser Leben immer ein bisschen besser machen.
Auf gehts: Kampieren Sie in der freien Natur, frönen Sie ein paar Lagerfeuergeschichten, schauen Sie ein wenig „Natur-Fernsehen" (damit meine ich natürlich das Lagerfeuer), essen Sie Ihr schlichtes Mahl mit den Fingern, genehmigen Sie sich ein Schlückchen Wein und plaudern Sie mit den Menschen,

die Sie lieben, und dann lehnen Sie sich zurück und genießen einfach die Stille unter nächtlichem Himmel: Das tut unglaublich gut. Sie brauchen also nicht auf die Fidschis zu fliegen, um auszuspannen und neue Kraft zu tanken!

Das Einzige, was ich Ihnen außerdem noch wärmstens empfehlen kann, ist, einmal im Jahr einen Sonnenaufgang mitzuerleben. Das ist eine wahre Wohltat für Körper, Geist und Seele. Stehen Sie früh auf und beobachten Sie, wie die Sonne sich still und leise über den Horizont schiebt – ganz ohne großes Gedöns oder Tamtam – ganz behutsam, warm und friedlich. Denn jeder Sonnenaufgang führt uns vor Augen, dass unsere Welt im Grunde wunderbar ist, und das Leben wahrhaft ein Geschenk.

Unterschätzen Sie nie, welche Macht von so einfachen Naturerlebnissen wie diesen ausgeht, denn sie schenken Ihnen unglaublich viel Kraft und Inspiration. Sie sind eben ein wichtiger Teil von uns.

51.
DREI PFADFINDER-
REGELN FÜRS LEBEN

Die Pfadfinderbewegung basiert seit ihrer
Gründung auf einer Reihe großartiger Lebens-
grundsätze, die jungen Menschen als Richtschnur
dienen sollen, damit sie lernen, in ihrem Leben
und in der Gesellschaft Verantwortung zu übernehmen. Lord Baden-Powell hat diese Grundsätze
– die sogenannten Pfadfinderregeln – vor über
hundert Jahren formuliert, als er die Pfadfinderbewegung ins Leben rief. Aber auch heute
sind diese Grundsätze für die Entwicklung
junger Menschen noch genauso wichtig
und prägend wie damals.

Es gibt drei dieser Pfadfinderregeln, die wir alle beherzigen sollten.

Die erste und bekannteste heißt:

SEID ALLZEIT BEREIT

Der Lieblingsspruch meines früheren Feldwebels lautete: „Wenn du es nicht schaffst zu planen, dann planst du, es nicht zu schaffen." Denn Zeit, die man in die Vorbereitung eines Vorhabens investiert, ist niemals verlorene Zeit.

Bevor wir also irgendeinen Berg erklimmen können – entweder wörtlich oder im übertragenen Sinne – müssen wir uns bestmöglich für dieses Vorhaben wappnen – und das heißt konkret, wir müssen uns auf exakt jene Dinge vorbereiten, mit denen wir unterwegs konfrontiert werden.

Denn ob wir am Ende erfolgreich sind, hängt in erster Linie davon ab, ob wir die richtige Ausrüstung dabeihaben und vor allem auch aus dem Effeff damit umzugehen verstehen, wenn es darauf ankommt. Schaffen Sie es, Ihr Zelt auch im Dunkeln zügig aufzubauen, wenn jede Minute zählt? Schaffen Sie es, als Soldat Ihr Gewehr auch mit verbundenen Augen zusammenzubauen?

Ein Großteil der Vorbereitung basiert auf reiner Trainingsarbeit, denn nicht umsonst heißt es: Je intensiver Sie trainieren, desto mehr Glück haben Sie.

Wenn Sie ausreichend trainieren, bekommen Sie Erfahrung, wenn Sie jedoch unglaublich viel trainieren, werden Sie ein Profi. So funktioniert das im Leben nun mal.

Aber warum sind wir dann nicht alle Profis, werden Sie sich jetzt vermutlich fragen. Ganz einfach. Weil die meisten Menschen schlichtweg zu bequem sind, um zu trainieren.

Bedenken Sie jedoch eines: Der Wille zu siegen ist nicht genug, man muss auch willens sein, hart zu trainieren. Sie müssen sich schon aufraffen und ein paar Strapazen auf sich nehmen, wenn

Sie sich angemessen darauf vorbereiten wollen, einen hohen Berg zu bezwingen oder eine schwierige Aufgabe zu bewältigen. Bereiten Sie sich körperlich vor, indem Sie auf eine gute Fitness achten, dann haben Sie die besten Voraussetzungen, um erfolgreich zu sein.

Bereiten Sie sich mental vor und machen Sie sich intensiv mit allen Fragen vertraut, die Sie möglicherweise beantworten müssen, oder mit den Themen, über die Sie referieren müssen, und dann gehen Sie das alles in Gedanken immer wieder durch.

Sie müssen einfach

trainieren, trainieren und nochmals trainieren.

Doch zur körperlichen Vorbereitungs- und Trainingsarbeit gehört auch eine mentale Trainingskomponente – die Visualisierung. Sie ist eine der schlagkräftigsten Waffen jedes Leistungssportlers – die Fähigkeit, sich intensiv auf jeden einzelnen Schritt des Bewegungsablaufs wie in Zeitlupe zu konzentrieren und die anstehende Aufgabe so in Gedanken bis zur Perfektion durchzuspielen. Denn durch die Visualisierung entstehen im Gehirn neue Nervenzellen und damit ein ganzes Geflecht neuer neuronaler Verknüpfungen. Wenn wir uns dieser Aufgabe dann in der Realität stellen müssen, ist das für unser Gehirn so, als hätte es sie schon etliche Male zuvor bewältigt.

Eine echt coole Trainingsmethode, mit der man seine Erfolgschancen deutlich verbessern kann.

(Fragen Sie doch mal Jonny Wilkinson, welche Rolle für ihn die Visualisierung gespielt hat, als er 2003 im Endspiel der Rugby-Union-Weltmeisterschaft mit seinem legendären Drop Kick dafür gesorgt hat, dass England zum ersten Mal Weltmeister wurde! Jede Wette, dass er dieses Drop-Kick-Tor zuvor in Gedanken schon zigtausend Mal durchgespielt hatte.)

Ein genialer Psychotrick, wenn man diese Methode der Visualisierung beherrscht. Tiger Woods sagt, dass er 80 Prozent seines Erfolgs als Profigolfer der Visualisierung zu verdanken habe – schließlich hat er sich bisher auf dem Golfplatz nicht schlecht geschlagen.

Denken Sie also stets daran: Vorbereitung ist alles. Denn wenn Sie sich gut und vernünftig auf eine Sache vorbereiten, wird sich der Erfolg – anders, als wenn Sie ihn nur dem Zufall überlassen – auch unweigerlich einstellen.

SEID VERTRAUENSWÜRDIG

Diese Regel gehört zu den wichtigsten Grundsätzen der Pfadfinderbewegung, denn sie bildet die entscheidende Grundlage, um gute freundschaftliche und geschäftliche Beziehungen und ein erfülltes Leben zu führen.

Diesen Grundsatz habe ich bereits an früherer Stelle im Buch erwähnt, als ich sagte: „Seien Sie stets ehrlich und betrügen Sie nicht." Doch die wichtigen Grundsätze verdienen es durchaus, öfter wiederholt zu werden, und deshalb entschuldige ich mich auch nicht dafür, dass ich diesen Grundsatz erneut anführe.

Ich sage es *und* der Gründer der Pfadfinderbewegung sagte es damals auch – also muss es wichtig sein!

Aber vertrauenswürdig zu sein, heißt nicht nur, dass man seine Versprechen einhält, sondern es heißt auch, dass man zu seinem Wort steht. **Wenn Sie also sagen, dass Sie etwas machen wollen, dann machen Sie das auch. Worte haben Macht, denn unsere Mitmenschen beurteilen uns danach, ob wir Wort halten und zuverlässig sind.**

Ein vertrauenswürdiger Mensch lügt nicht und er verrät auch keine Geheimnisse. Sagen Sie also immer die Wahrheit und missbrauchen Sie niemals das Vertrauen, das man Ihnen entgegenbringt.

Denn wenn Sie diesen Grundsatz beherzigen, werden Ihre Mitmenschen lernen, Ihnen zu vertrauen. Und wenn die Leute Ihnen vertrauen, werden sie gern ihre Zeit mit Ihnen verbringen und mit Ihnen zusammenarbeiten; auf diese Weise gewinnen Sie mit Sicherheit Freunde fürs Leben, mit denen Sie jede Menge Abenteuer erleben können.

Alles klar? Dann erweisen Sie sich als vertrauenswürdig. Das ist eine großartige Charaktereigenschaft, die die Leute an Ihnen schätzen werden – denn sie ist weitaus seltener anzutreffen, als Sie vielleicht glauben.

SEID TREU

Das ist ein weiterer Grundsatz der Pfadfinderbewegung. Außerdem sind Treue und Loyalität Eigenschaften, die ich ausgesprochen schätze.

Loyalität erfordert eine gewisse Charakterstärke, denn meistens lassen sich die Menschen gern von der Meinung der breiten Masse beeinflussen.

Ich kann mich noch gut daran erinnern, wie ein Freund von mir – er moderierte eine TV-Show und zählte zufällig zu den bekanntesten Fernseh-Promis weltweit – erlebt hat, dass seine Karriere komplett den Bach runterging, als er in aller Öffentlichkeit einen schweren Fehler machte.

Er verlor seinen Job, sein Ruf war ruiniert und die Unterstützung von Millionen Fans und Freunden war so gut wie weg. Er hatte es komplett vermasselt, und das wusste er auch.

Wer von uns hat noch keinen Fehler gemacht? Wir alle machen Fehler. Ständig. Aber gerade Prominente stehen durch ihre Präsenz in der Öffentlichkeit unter immensem Druck. Denn wenn die meisten von uns einen Fehler machen, geschieht das in aller Regel im privaten Umfeld, sodass nur wenige Menschen dies mitbekommen. Schließlich ist es höchst

unangenehm, wenn man einen Bock schießt, noch dazu in

aller Öffentlichkeit, oder etwa nicht? Was mich angeht, ich habe in den letzten Jahren schon so manchen Bock geschossen – ich weiß, wovon ich rede.

Doch wenn die ganze Welt mitbekommt, dass man einen Fehler gemacht hat, und dann auch noch jeden Fehltritt kommentiert und darüber urteilt, ist das ein Unterschied wie Tag und Nacht.

Ich erinnere mich noch, dass ich meinen Freund angerufen und zu ihm gesagt habe: „Lass den Kopf nicht hängen – wir alle haben doch schon mal Mist gebaut. Du hast gesagt, dass es dir leidtut, und wir denken an dich und sind für dich da, wenn du irgendetwas brauchst, egal was."

Am anderen Ende wurde es plötzlich still. Dann sagte mein Freund ganz zerknirscht: „Normalerweise klingelt mein Telefon von morgens bis abends nonstop, weil ,Freunde' und Kollegen entweder was von mir haben wollen oder aber mir irgendwas erzählen wollen. Aber weißt du, seit ich diesen Fehler begangen habe, ist das Telefon tot, kein Mensch hat mich seither angerufen." Dann hielt er kurz inne und sagte: „Danke, dass du dich gemeldet hast, und danke, dass du zu mir hältst. Das tut richtig gut."

Ein echter Freund zu sein und sich loyal zu verhalten, heißt nicht zwangsläufig, dass man stillschweigend über Fehler hinwegsehen muss. Denn bei der Loyalität geht es nicht um den Fehler, sondern um den Menschen. Treu und loyal zu sein, heißt nämlich, dass wir uns wie ein Freund verhalten, indem wir dem anderen die Hand reichen, wenn er unsere Hilfe braucht.

Ich kenne da ein schönes und sehr treffendes Sprichwort:

„Ein guter Freund ist jemand, der kommt, wenn der Rest der Welt geht."

Wir leben in einer recht unbeständigen Welt, in der wir – sobald uns etwas nicht mehr behagt – sehr leicht geneigt sind, uns dieser Sache einfach zu entledigen und sie durch etwas Neues zu ersetzen. Das machen wir mit vielen Dingen so – angefangen bei Schuhen bis hin zum Ehepartner. Doch die Ironie an dem Ganzen ist: Je mehr wir nach Perfektion streben – bei uns selbst, bei Dingen, bei unseren Mitmenschen –, desto unzufriedener werden wir, weil wir nicht finden, was wir suchen.

Loyalität scheint ziemlich aus der Mode gekommen zu sein, doch die Wahrheit ist, dass Loyalität heute wichtiger ist denn je. Jeder, der schon einmal von einem Freund im Stich gelassen wurde oder im Gegensatz dazu schon einmal einen Freund hatte, der in einer schwierigen Situation für ihn eingestanden ist, weiß, dass das stimmt.

Letztlich geht es im Leben darum, Beziehungen aufzubauen, aber gute und starke Beziehungen entstehen nur, wenn wir uns in diesen Beziehungen treu und loyal verhalten.

Unser Charakter offenbart sich darin, wie wir in den entscheidenden Augenblicken handeln, denn ob unsere Mitmenschen uns Anerkennung und Wertschätzung entgegenbringen, hängt davon ab, wie wir uns verhalten, wenn wichtige Dinge auf dem Spiel stehen.

Ein Pfadfinder ist ein Typ Mensch, der sich gerade in schwierigen Situationen treu und loyal verhält. Und so etwas vergessen die Leute nie.

52.
MUTIG SEIN
KANN MAN LERNEN

Das Wichtigste vorweg: Mut hat nicht das
Geringste mit großkotzigem, draufgängerischem
Gehabe zu tun hat. Mut hat vielmehr mit großen
Heldentaten zu tun, die sich in aller Stille
abspielen und bei denen es einzig und allein
darum geht, der Angst zu trotzen und
unerschrocken zu handeln.

Wahrer Mut hat damit zu tun, wie wir uns in Extremsituationen verhalten, wenn wir vor schier unüberwindlichen Hindernissen stehen. Denn es ist schlichtweg unmöglich, Mut zu zeigen, wenn man keine Angst hat. Mut zu haben heißt, sich seinen Ängsten zu stellen und sie zu überwinden. Mut zu zeigen heißt also *nicht*, dass man keine Angst hat, sondern vielmehr, dass man *trotz* Angst das tut, was getan werden muss.

Yosef, ein elfjähriger Junge aus Ungarn, ist einer der mutigsten Menschen, die ich je kennengelernt habe. Tapfer, mit eiserner Entschlossenheit und voller Zuversicht hat er den Kampf gegen eine lebensbedrohliche Krankheit und unglaubliche Schmerzen aufgenommen. Auch wenn er jeden Tag schreckliche Angst hat und bisher 45 Operationen über sich ergehen lassen musste, um eine reelle Überlebenschance zu haben, nimmt er dennoch jeden Tag mit unerschütterlichem Optimismus in Angriff.

Das ist wahrer Mut.

Tapfer durchzuhalten, ist in den allerseltensten Fällen die bequemere Alternative. Denn wenn das so wäre, würde wohl jeder das Victoria-Kreuz – die höchste Kriegsauszeichnung des Vereinigten Königreichs für herausragende Tapferkeit und Pflichterfüllung im Angesicht des Feindes – verliehen bekommen. Doch eine Schlacht – sei es im Krieg oder im persönlichen Leben – ist nun mal kein Spaziergang. **Die Schlachten, denen wir uns im Leben stellen müssen, sind Furcht einflößend. Ich weiß das nur zu gut, denn ich habe mich schon in so mancher Schlacht bewähren müssen.**

Aber die Schlachten des Lebens geben uns auch die Chance, über uns selbst hinauszuwachsen – sie geben uns die Gelegenheit, jener Angst, Beklemmung und Schwäche, die wir in so einer Situation normalerweise empfinden, zu trotzen und uns mutig und unerschrocken unserem Feind zu stellen.

Wenn wir Mut beweisen, haben wir immer einen Trumpf im Ärmel – er ist der entscheidende Faktor, der uns dabei hilft, eine schier aussichtslose Situation zu meistern.

Und wenn wir es schaffen, trotz der Angst all unseren Mut zusammenzunehmen und genau das zu tun, wovon wir hoffen, dass wir tapfer genug sind, es durchzustehen …, dann wird uns das Universum meistens auch einen Weg zeigen.

Denn das Universum belohnt Tapferkeit auf dieselbe Weise, wie auch die wilde unberührte Natur furchtloses, entschlossenes Handeln belohnt. Das ist ein weiteres ungeschriebenes Gesetz des Universums. **Mit Mut und Entschlossenheit bewältigen Sie nahezu jedes Problem.**

Versuchen Sie es doch mal. Trotzen Sie Ihrer Angst. Und wenn Sie sich dann mitten in der Schlacht des Lebens befinden, machen Sie sich bewusst, dass Sie Ihr Schicksal selbst in der Hand haben. Entweder Sie beweisen Mut oder Sie treten den Rückzug an. (Übrigens: Mut zu zeigen, heißt auch, dass manchmal Besonnenheit angebracht ist und man den Rückzug antreten sollte. Denn Vorsicht ist immer besser als Nachsicht. Es gibt viele Situationen, in denen mutige Entschlossenheit sich nicht darin äußern sollte, dass man lautstark auftrumpft, Öl ins Feuer gießt und mit schonungsloser Offenheit Stellung bezieht. Stattdessen kann es oftmals ratsam sein, zerknirscht und leise den Rückzug anzutreten, indem man zugibt, dass man unrecht hatte.) Mutige Entschlossenheit hat zwar viele Gesichter, doch im Grunde genommen geht es darum, dass wir in uns selbst die Kraft finden, in den entscheidenden Augenblicken unseres Lebens das zu tun, was richtig ist, und zwar trotz unserer Angst. „Courage", das französische Wort für Mut, geht auf den Wortstamm „coeur" zurück, und das heißt Herz. Mut zu zeigen bedeutet demnach, sich ein Herz zu fassen, also beherzt zu handeln – das gefällt mir. Entsprechend sollten wir uns alle mutig oder couragiert den großen und entscheidenden Augenblicken in unserem Leben stellen.

Noch eine letzte Anmerkung zum Schluss: Die tapferen und mutigen Menschen sind meistens auch die unscheinbarsten. Dieses Phänomen konnte ich beim Höhenbergsteigen schon sehr oft beobachten, denn ich habe miterlebt, dass ganz gewöhnliche Leute in außergewöhnlichen Situationen unglaublich unerschrocken und tapfer gehandelt haben.

Nur Mut, fassen Sie sich ein Herz. Und falls Sie meinen, dass Sie gar nicht so wahnsinnig mutig und tapfer sind – dann passen Sie mal auf! Sie werden sich noch wundern, wozu Sie fähig sind.

53.
NUTZEN SIE IHRE ZEIT MIT BEDACHT

Begabung, Geld oder Glück sind Ressourcen, die unter uns Menschen sehr ungerecht verteilt sind. Allerdings gibt es eine Ressource, von der wir alle gleich viel besitzen. Jeder Mensch hat 24 Stunden am Tag zur Verfügung – aber auch da unterscheiden wir uns wieder voneinander, nämlich dadurch, wie wir diese 24 Stunden nutzen.

Zeit ist unser wertvollstes Gut. **Ändern Sie Ihre Zeiteinteilung, dann verändern Sie Ihr Leben.**

Unser Leben ist das Produkt all der vielen kleinen Entscheidungen, die wir tagtäglich treffen. Denn wie Sie mit einer Minute Ihrer kostbaren Zeit umgehen, sagt sehr viel darüber aus, wie Sie mit einer Stunde umgehen, und wie Sie mit all Ihren Stunden umgehen, gibt letztlich den Ausschlag, ob Sie Ihre Ziele erreichen.

Gehen Sie daher sorgsam mit Ihrer Zeit um.

Normalerweise überlegen wir ganz genau, wofür wir unser Geld aufwenden, aber wofür wir unsere Zeit aufwenden, darüber machen wir uns meist nicht so viele Gedanken – **doch kein Mensch ist so reich, dass er sich die Vergangenheit zurückkaufen kann.**

Es fällt mir sehr viel leichter, die richtige Entscheidung zu treffen, wenn ich mir vorstelle, wie ich mich mit dieser Entscheidung wohl fühlen werde, wenn ich älter bin. Würde ich mir dann wünschen, ich hätte mehr Zeit aufgewendet, um die Träume irgendeines Unternehmens zu verwirklichen oder meine eigenen? Kein Mensch wünscht sich am Ende seines Lebens, er hätte noch mehr Zeit im Büro verbracht!

Stattdessen wünscht sich doch jeder, er hätte viel mehr Zeit mit seiner Familie, seinen Kindern und seinen Freunden verbracht und er hätte seine großen Träume verwirklicht. Von diesen Gedanken lasse ich mich bei meiner Entscheidungsfindung leiten. Ganz ähnlich verhält es sich, wenn wir zu träge sind, wenn wir zu viel Zeit vor dem Fernseher oder mit Videospielen verbringen, denn dann wird uns klar, dass wir später einmal nicht sehr viel vorzuweisen haben, auf das wir stolz sein könnten.

Seien Sie clever – Ihre Zeit sollte Ihnen stets wichtiger sein als Geld. Denken Sie also sehr gründlich darüber nach, wofür Sie Ihre Zeit heute aufwenden wollen. Denn diese 24 Stunden sind ein Geschenk, das Sie nicht gedankenlos verschwenden dürfen.

Denn wie heißt es so schön: Heute ist der erste Tag vom Rest
deines Lebens.

Leben Sie es in vollen Zügen.

54.
KÜMMERN SIE SICH UM IHR HAB UND GUT

Ich habe Ihnen bereits erklärt, wie wichtig es ist, dass Sie sich um Ihre Familie, Ihre Freunde und Ihre Zeiteinteilung kümmern. Allerdings sagt auch die Art und Weise, wie Sie mit Ihrem Hab und Gut umgehen, sehr viel über Ihren Charakter aus.

Wir leben heute in einer konsumgesteuerten Welt, und sobald etwas kaputtgeht, schmeißen wir es weg. Das ist aber nicht nur schlecht fürs Gemüt, sondern auch für unsere Umwelt.

Der Großinvestor und Unternehmer Warren Buffett hat einen einfachen Rat für all jene, die gern genauso erfolgreich werden wollen wie er: Sie sollten sich keine Aktie kaufen, die Sie nicht mit Freude behalten würden, sollte die Börse für zehn Jahre dichtgemacht werden.

Ich denke, das ist ein prima Leitsatz, der sich durchaus auch auf andere Anschaffungen übertragen lässt. Können Sie sich vorstellen, dass Sie diesen Mantel die nächsten zehn Jahre gern tragen? Dann nur zu, kaufen Sie ihn. Halten Sie dieses Gerät für so robust und solide gebaut, dass es zehn Jahre hält? Dann sollten Sie diesem Gerät den Vorzug vor der billigeren und weniger soliden Ausführung geben.

Lernen Sie, Ihre Sachen zu reparieren, sie in Ordnung zu halten und zu pflegen. Denn das zeigt Ihre Achtsamkeit und innere Reife.

Wenn ich Menschen begegne, die nicht nur dankbar dafür sind, was sie haben, sondern auch mit ihrem Hab und Gut pfleglich umgehen, bin ich jedes Mal tief beeindruckt.

55.
JE HÖHER
DAS RISIKO ...
DESTO GRÖSSER
DER ERFOLG

Beim Bergsteigen ist jeder
ambitionierte Alpinist mit diesem Prinzip –
je höher das Risiko, desto größer der Erfolg –
bestens vertraut.

Denn bei jeder Bergbesteigung gibt es immer wieder entscheidende Phasen, wo man seine Erfolgsaussichten ganz klar gegen die Risiken von Erfrierungen, Wetterumbrüchen oder Lawinenabgängen abwägen muss. Doch im Grunde genommen ist die Entscheidung einfach – **man kann keine hohen Gipfel erklimmen, wenn man nicht auch bereit ist, hohe Risiken einzugehen.**

Ohne Risiko kein Erfolg.

Die großen Bergsteiger wissen, dass die Besteigung hoher Berggipfel kein Spaziergang ist – sie erfordert eine immense, gemeinsame Kraftanstrengung und kontinuierliche Einsatzbereitschaft. Doch die Berge belohnen wahre Einsatzbereitschaft. Und genauso ist es auch im Leben und in der Geschäftswelt. Denn alle wertvollen und erstrebenswerten Ziele setzen eine gewisse Risiko- und Einsatzbereitschaft voraus. Wären sie leicht zu erreichen, hätte schließlich jeder Erfolg.

Sich ein großes Ziel zu setzen, ist der leichte Teil der Aufgabe. Der schwierige Teil besteht jedoch darin, all die Mühen und Strapazen bereitwillig auf sich zu nehmen – und genau hier scheitern die meisten, denn nur wenigen ist es gegeben. Wie groß ist eigentlich Ihre Bereitschaft, allen Widrigkeiten zum Trotz durchzuhalten und sich durchzubeißen, wenn es schwierig wird?

Für eine TV-Dokumentationsreihe (*Escape to the Legion*) haben wir einmal die extrem harte Grundausbildung in der französischen Fremdenlegion unter realen Bedingungen in der Sahara nachgestellt – denn wie es heißt, ist die Voraussetzung, um in die Legion aufgenommen zu werden und die begehrte Kopfbedeckung, das Képi Blanc, zu bekommen, ganz klar definiert: „Tausend Fässer Schweiß."

Und das ist eine Menge Schweiß! Glauben Sie mir.

Wenn Sie einen Fremdenlegionär aber fragen, ob es das wert war, so kann ich Ihnen schon jetzt seine Antwort verraten – und sie wird immer gleich ausfallen. Denn **die Schmerzen und die**

Strapazen, die Blasen und der Muskelkater gehen irgendwann vorbei. Doch der Stolz, den man empfindet, weil man eine außergewöhnliche Leistung vollbracht oder einen Traum verwirklicht hat, ist ein Gefühl, das bleibt und von dem man sein ganzes Leben lang zehren kann.

Je größer die Einsatzbereitschaft, desto größer der Erfolg. Machen Sie sich also damit vertraut, dass der Weg zum Erfolg mit harter Arbeit und außergewöhnlicher Risiko- und Einsatzbereitschaft gepflastert ist – nur so können Sie etwas wirklich Bedeutendes leisten.

56.
JEDER HALB-
HERZIGE VERSUCH
IST EIN SCHLAG INS
WASSER

Ich war ungefähr 15 Jahre alt,
als ich einen amerikanischen Sportler
sagen hörte: Jeder halbherzige Versuch ist ein
Schlag ins Wasser. Allerdings habe ich durchaus
eine ganze Weile gebraucht, bis ich kapiert hatte,
was er damit meinte.

Römische Feldherren haben oft die Zerstörung von Brücken angeordnet, nachdem sie diese mit ihren Streitkräften überquert hatten, um die Soldaten daran zu hindern, aus Furcht vor dem Feind zu fliehen. Wenn ein Soldat dennoch versuchte zu fliehen, war ihm schließlich der Rückzug versperrt und er musste zwangsläufig kämpfen – oder aber beim Versuch zu flüchten, sein Leben lassen.

Für ihn gab es also kein Zurück. Er musste entschlossen vollen Einsatz zeigen und alles geben.

Eine recht drastische, aber höchst wirkungsvolle Methode.

Eine halbherzige, zögerliche Vorgehensweise hat allerdings den gegenteiligen Effekt. Denn mit einer zögerlichen und unentschlossenen Einstellung nach dem Motto „Wenn alle Stricke reißen" hält man sich zu viele Optionen offen. Vor allem aber lässt man sich mit einer „Wenn alle Stricke reißen"-Mentalität ein Hintertürchen offen, um notfalls den Rückzug anzutreten, falls es schwierig wird. Im Grunde genommen sind aber alle Ziele – sofern es große, erstrebenswerte Ziele sind – mit Schwierigkeiten und Opferbereitschaft verbunden.

„Jeder halbherzige Versuch ist ein Schlag ins Wasser." Dieser Satz sagt eigentlich schon alles: Wenn Sie etwas erreichen wollen, müssen Sie alles geben – vollen Einsatz. Sie müssen Ihre ganze Energie reinstecken. Sich mit Leib und Seele diesem Ziel verschreiben – ganz und gar, hundertprozentig.

Sobald Sie sich mit Leib und Seele einer Sache verschreiben, sind Sie regelrecht dazu gezwungen, einen Weg zu finden, ganz egal, wie schwierig er auch ist, um dieses Ziel zu erreichen – denn für Sie gibt es keine Alternative, keine Brücke, über die Sie notfalls den Rückzug antreten könnten.

Sie glauben mir nicht? Dann fragen Sie doch mal einen Profi-Rugbyspieler. Denn nur wenn der beim Tackling entschlossen mit vollem Einsatz alles gibt, um seinen Gegenspieler aufzuhalten, kann er auch gewinnen; wenn er aber nur halbherzig und zögerlich agiert, ist die Gefahr groß, dass er verletzt wird.

Das ist zwar unerfreulich, aber wahr! Kühnheit – sie trägt Genie, Kraft und Zauber in sich – ist wie eine geheime Zutat, die, sobald sie ins Spiel kommt, den Ausgang jeder schwierigen Situation nachhaltig beeinflussen kann.

Sobald Sie in der wilden unberührten Natur unterwegs sind, ist Kühnheit unerlässlich. Wenn Sie von einer Klippe springen oder eine Gletscherspalte überqueren oder einen reißenden Fluss durchwaten müssen, bekommen Sie in den seltensten Fällen eine zweite Chance. Sie müssen Ihre Sache gleich beim ersten Anlauf richtig machen, denn ein zögerlicher und halbherziger Versuch kann Sie teuer zu stehen kommen

Manchmal kann es durchaus vorkommen, dass Kühnheit und Tollkühnheit sehr dicht beieinander liegen (und genau das ist auch der Grund dafür, warum es im Prinzip nur zwei Arten von Bergsteigern gibt – die Kühnen und die Alten, aber nur sehr wenige kühne Alte!) **Allerdings darf man Kühnheit nicht mit Tollkühnheit verwechseln.** Kühnheit – das heißt, mutige Entschlossenheit – hat nämlich nichts damit zu tun, etwas auf Teufel komm raus durchzuziehen, ohne über die Folgen seines Handelns nachzudenken. Denn letztlich basiert ein wesentlicher Teil der Kühnheit darauf, dass man auf jeden Fall eine solide Strategie beziehungsweise einen Plan B hat.

Auf einen einfachen Nenner gebracht: Kühnheit bedeutet nichts anderes, als dass Sie energisch und mit vollem Einsatz auf ein bestimmtes Ziel hinarbeiten, nachdem Sie sämtliche Alternativen kritisch geprüft haben, und dass Sie nicht gewillt sind, bei Schwierigkeiten kampflos das Feld zu räumen.

Das ist ein weiteres ungeschriebenes Gesetz des Universums – eines, das mir richtig gut gefällt, weil man, um kühne Entschlossenheit zu zeigen, kein gutes Abiturzeugnis braucht oder etwa einen Universitätsabschluss!

Denn diesen einfachen Grundsatz – entschlossen stets vollen Einsatz zu zeigen – können wir uns alle zu eigen machen, ihn ausprobieren und nutzen, damit wir siegen, wo andere den Rückzug antreten und scheitern.

57.
JEDES MAL, WENN SIE ÜBER SICH SELBST HINAUSWACHSEN, WÄCHST AUCH IHR SELBSTVERTRAUEN

Die SAS Selection ist darauf ausgelegt, Sie an Ihre Grenzen zu bringen.

Jede noch so kleine mentale oder körperliche Schwäche wird durch die unablässig aufeinanderfolgenden Herausforderungen der SAS Selection schonungslos zutage gefördert, denn letztlich dienen sie nur einem einzigen Zweck: die absolute Belastungsgrenze eines Rekruten auszutesten. Wir mussten bis zur völligen Erschöpfung in Eis und Schnee die Berge hinauf- und wieder hinuntermarschieren, bis wir keuchend nach Luft rangen; im Sprint bergauf laufen; einen anderen Rekruten im Gamstragegriff steile Berghänge hinauf- und wieder hinuntertragen, und das oft in strömendem Regen und manchmal sogar in Eiseskälte bei Temperaturen unter dem Gefrierpunkt. Je weiter man im SAS-Auswahlverfahren kommt, desto härter, extremer und brutaler werden die Prüfungen, die man bestehen muss.

Doch eines konnte ich feststellen: Je mehr ich von diesen brutalen Prüfungen unverletzt überstanden hatte (wenn auch total erschöpft und ramponiert), desto leichter fiel es mir, die nächste in Angriff zu nehmen.

Das war das typische Testverfahren, mit dem der SAS uns an unsere körperliche Belastungsgrenze brachte, um unsere Entschlossenheit, unseren eisernen Willen auf die Probe zu stellen.

Bei der SAS Selection geht es im Prinzip nur darum zu begreifen, dass die Schmerzen irgendwann vorbei sind. Denn mit jeder Prüfung, die ich mit eiserner Willensstärke durchgestanden hatte, wurde mir zunehmend klar, dass es im Grunde nur darauf ankam, noch einmal alles zu geben – ein letztes Mal –, bis zu jenem Augenblick, in dem jemand schließlich sagte, dass die Übung beendet sei und ich bestanden hätte.

Mittlerweile habe ich gelernt, dass man sich niemals auch nur im Entferntesten vorstellen kann, was man zu leisten in der Lage ist, bevor man nicht wirklich und wahrhaftig seine Grenzen austestet. Doch mit jedem kleinen Erfolgserlebnis wächst auch das Selbstvertrauen.

Die meisten Menschen erfahren wohl nie, was sie zu leisten imstande sind, weil sie schlichtweg nie wirklich bis an ihre Grenzen gehen.

Und deshalb habe ich zwei gute Neuigkeiten für Sie.

Erstens: Wenn Sie sich auf etwas jenseits Ihrer „Komfortzone" einlassen und das Ganze unbeschadet überstehen, gelangen Sie nach und nach zu der *Überzeugung*, dass selbst das Unmögliche möglich ist. Denn wenn Sie erfolgreich sein wollen, müssen Sie von sich selbst und Ihren Fähigkeiten überzeugt sein.

Zweitens: Wir alle sind in der Lage, uns sehr viel weiter über unsere Komfortzone hinauszubegeben, als wir uns das vielleicht zunächst vorstellen können. **Tief im Inneren von uns allen schlummert ein besseres Ich, das mutiger und unerschrockener ist, als wir glauben, und das nur darauf wartet, seine Bewährungsprobe zu bestehen.**

Sie müssen ihm nur eine Chance geben, damit es sich entfalten kann.

Stecken Sie sich also ehrgeizige Ziele und staunen Sie über sich selbst, wenn Sie feststellen, wozu Sie – tief in Ihrem Innern – tatsächlich fähig sind.

Erinnern Sie sich noch an die Geschichte von David und Goliath? Als David, der junge Schafhirte, den großen und mächtigen Krieger Goliath anschaute, dachte er nicht etwa: „Du lieber Himmel, der ist ja riesengroß, ich bin erledigt." Sondern er dachte: „Ein so großes Ziel kann ich doch unmöglich verfehlen!"

Denn ob wir im Leben und bei unseren Abenteuern Erfolg haben, hängt maßgeblich davon ab, wie gut wir die Kunst des positiven Denkens beherrschen.

58.
BEURTEILEN SIE MENSCHEN NICHT NACH IHREM SOZIALEN STATUS

Einer der besten Nebeneffekte, die Expeditionen in die Wildnis mit sich bringen, besteht darin, dass sie uns wieder eine gesunde Sichtweise auf unser Leben vermitteln. Es ist ungefähr so, als ob Mutter Natur unsere innere Festplatte defragmentieren und das System neu starten würde – indem sie alles wieder an die richtige Stelle rückt und die naturgegebene Ordnung wiederherstellt.

Ich stelle das nicht nur bei den großen und wichtigen Dingen fest, sondern auch bei den kleineren, unbedeutenderen Dingen, wie zum Beispiel bei den Gesprächsthemen, die wir in den Bergen haben. Denn sehr oft, wenn ich mit einer Gruppe von Leuten aus ganz unterschiedlichen sozialen Schichten eine Trekkingtour unternehme, ändern sich die Gesprächsthemen, je länger wir unterwegs sind.

Zuerst werden die üblichen Fragen abgehakt, wie etwa: „Was machen Sie eigentlich beruflich?" oder „Wo wohnen Sie denn?" Anhand der Antworten kann man sehr schön erkennen, was sich so in den Köpfen der Leute abspielt: Der ist aber viel erfolgreicher als ich; die hat aber mehr Geld als ich; der war auf der Uni; die hat aber eine tolle Ausrüstung als ich ...

Man hat das Gefühl, als ob einer den anderen kritisch unter die Lupe nähme, um herauszufinden, wo die anderen in dieser illusionären Hackordnung angesiedelt sind.

Doch nach wenigen Tagen oder Wochen ticken die Leute plötzlich ganz anders. Denn auf einmal ist es viel wichtiger, ob jemand sich als gutes Teammitglied erwiesen hat, ob er seine Aufgaben gewissenhaft erledigt hat und ob er gut gelaunt war und seinen Beitrag geleistet hat.

Bei jedem Abenteuer werden Sie aufs Neue daran erinnert, dass eine edle und noble Gesinnung einem nicht automatisch in die Wiege gelegt wird.

Sie sehen, die Natur sorgt für Gleichberechtigung, denn wir alle fangen wieder bei null an; unser sogenannter Status zählt hier draußen gar nichts. **Allein unsere innere Einstellung bestimmt, wie hoch wir klettern, und nicht etwa unsere Vergangenheit.** Die Natur zwingt uns, in der Gegenwart zu leben, denn unsere Vergangenheit oder unsere Zukunft interessiert sie nicht. Sie hält uns allen den Spiegel vor und macht uns mitunter schmerzlich bewusst, wer wir sind – denn in der Natur ist es schwer, sich zu verstellen. Aber genau darin liegt ja das Faszinierende: Die Maske fällt ziemlich schnell.

Denn was im Leben wirklich wichtig ist, das sind mit einem Mal jene Dinge, auf die es hoch oben am Berg ankommt.

So kommt es zum Beispiel darauf an, ob jemand bereit ist, sein Wasser mit Ihnen zu teilen, wenn Sie Durst haben; ob jemand Ihnen sein letztes Pflaster anbietet, wenn Sie sich eine Blase gelaufen haben; oder ob jemand einen Teil Ihrer Ausrüstung trägt, wenn Sie erschöpft sind. Denn diese Charaktereigenschaften zeichnen einen Menschen in hohem Maße aus.

Ich sage oft, dass unser Leben ganz leicht in „flauschige Oberflächlichkeit" abdriften kann – und damit meine ich, dass wir allzu oft unbedeutenden Belanglosigkeiten einen hohen Stellenwert einräumen.

Doch die ungezähmte Natur ist sehr viel einfacher und reiner, denn der ganze Schnickschnack, auf den wir großen Wert legen, zählt hier wenig – es ist so, als würde dieser ganze oberflächliche Flausch einfach weggeblasen.

Machen Sie sich einmal bewusst, dass Ihr sozialer Status bedeutungslos und vergänglich ist, dass aber wahre Charakterstärke, Hilfsbereitschaft und korrektes Handeln als leuchtendes Beispiel selbst dann noch von Bedeutung sind, wenn all der oberflächliche Flausch längst verflogen ist.

Suchen Sie wahre Charakterstärke in sich selbst und lassen Sie sich auch beim Umgang mit Ihren Mitmenschen davon leiten. Falls Sie sich allzu leicht von diesen nichtssagenden Größen wie sozialer Status, Macht, Ruhm oder Geld beeindrucken lassen (immerhin passiert das hin und wieder jedem von uns), dann machen Sie mit ein paar Freunden einen Ausflug in die Natur und rufen sich wieder in Erinnerung, dass die wertvollsten Dinge im Leben am allerwenigsten kosten.

59.
DIE
ANNEHMLICHKEITEN
DER ZIVILISATION
VERLIEREN SCHNELL
AN BEDEUTUNG

Es war eine der schmerzlichsten
Erfahrungen in meinem Leben.

Es passierte bei meinem ersten Anlauf, die SAS Selection zu schaffen: Bei sintflutartigem Regen hatte ich in dieser endlosen sumpfigen Graslandschaft vollkommen die Orientierung verloren und war total erledigt.

Außerdem hatte ich mein Zeitlimit schon erheblich überschritten und ich wusste es.

Als ich dann endlich den vorletzten Checkpoint erreichte, wurde ich von dem Stabsunteroffizier dazu verdonnert, in dem aufgeweichten, morastigen Boden unzählige Liegestützen zu machen, und zwar mitsamt meinem schweren Marschgepäck auf dem Rücken. Mir war bewusst, dass mich das noch einmal wertvolle Zeit und Energie kosten würde.

Ich spürte, wie ich immer schwächer wurde; da war mir klar, dass ich ganz schön in der Klemme saß.

Doch schon kurze Zeit später setzte ich meinen Weg fort: Ich durchwatete zuerst das hüfthohe Wasser eines reißenden Gebirgsbachs und quälte mich danach mühsam durch knietiefen Morast, um den nächsten 600 Meter hohen Bergrücken hinaufzusteigen. Ich musste einfach nur durchhalten. Noch 32 Kilometer. Noch 16 Kilometer. „Wer aufgibt, hat schon verloren", sagte ich mir wieder und immer wieder. „Wenn ich durchhalte und weiterkämpfe, werde ich bestehen."

Doch vor lauter Erschöpfung war mir ganz schwindlig. Ich wusste nicht, warum das passierte, und ich konnte auch nichts dagegen tun. Vielleicht hatte ich nicht genügend gegessen oder getrunken oder vielleicht lag es ja auch daran, dass all die Monate dieser gnadenlosen Schinderei jetzt endlich ihren Tribut forderten und ich meine absolute Belastungsgrenze erreicht hatte.

Schon nach wenigen Schritten gaben meine Knie nach und immer wieder sackten mir die Beine weg. Wenn ich stolperte, konnte ich mich nicht mehr fangen und fiel hin.

Irgendwann sah ich dann von Weitem, dass ganz unten, am

Fuß des Berges die Lastwagen standen; sie markierten das

Ziel. Aus den Esbit-Kochern meiner Kameraden stiegen lange dünne Rauchfäden auf, die sich hoch über den Bäumen kräuselten. Bald könnte ich mich aufwärmen und eine Tasse heißen Tee trinken. Mehr wollte ich nicht.

Doch als ich den letzten Checkpoint am Ziel erreichte, sagte man mir, dass ich die Prüfung nicht bestanden hätte – ich wäre viel zu langsam gewesen. Da brach für mich eine Welt zusammen. Man sagte mir, ich sollte mein Lager im Wald aufschlagen und die Nacht dort verbringen. Die Rekruten, die es geschafft hatten, würden in wenigen Stunden zum bevorstehenden Nachtmarsch aufbrechen.

Am nächsten Morgen würde man mich dann mit all den anderen, die die Prüfung ebenfalls nicht bestanden hatten, in unser Camp zurückbringen. Ich war am Boden zerstört.

In jener Nacht im Wald – ich lag wohlig warm und trocken in meinem Unterschlupf, hatte meine Blasen verarztet, trockene Socken an und musste nicht in der Dunkelheit hinaus in Wind und Wetter – habe ich jedoch eine Lektion fürs Leben gelernt: Wohlig warm und trocken bedeutet nicht zwangsläufig glücklich und zufrieden.

Nur wenige Stunden zuvor hatte ich mich noch so sehr danach gesehnt, in trockenen Klamotten an einem warmen, sicheren Ort zu sein. Doch jetzt, wo ich hier lag und wusste, dass meine Kumpels gleich ohne mich zu einem mörderischen Nachtmarsch aufbrechen würden, war das für mich die reinste Hölle. Noch nie hat sich jemand so sehr gewünscht zu frieren, klatschnass und todmüde zu sein wie ich damals. Denn noch nie zuvor haben mir die Annehmlichkeiten eines trockenen Unterstands und einer warmen Mahlzeit so wenig bedeutet.

Sie sehen, im Warmen und Trockenen zu sitzen, dafür aber ohne Ziel im Leben zu sein, ist ein sehr schwacher Trost, wenn man sehr viel lieber entschlossen in den Kampf ziehen würde, um seine Träume zu verwirklichen.

Nicht, dass Sie mich jetzt falsch verstehen: Warm und trocken ist wunderbar, allerdings als Belohnung „hinterher", denn wir sollten uns alle regelmäßig etwas Zeit gönnen zum Entspannen und „Nichtstun" – doch wenn Sie sich nur aufs „Nichtstun" verlegen, werden Sie feststellen, dass Sie ein ziemlich bedeutungsloses Dasein fristen.

(Tja, und dann habe ich mich für die nächste SAS Selection angemeldet und bin noch einmal 11 Monate lang durch die Hölle des Auswahlverfahrens gegangen – und ich habe es geschafft. Die ganze Zeit über habe ich gefroren, war völlig durchnässt und kroch auf dem Zahnfleisch, sodass ich heute, wenn ich mich zurücklehne und entspanne, unbeschreiblich stolz darauf bin, dass ich eisern durchgehalten und meinen Traum verwirklicht habe.)

Sobald Sie sich mit Leib und Seele Ihrem Ziel verschreiben, sollten Sie sich nicht mehr von der kurzzeitigen Verlockung gewisser Annehmlichkeiten und Bequemlichkeiten beeinflussen lassen – bleiben Sie stattdessen standhaft und konzentriert, und denken Sie vor allem an eines: Der Schmerz vergeht, aber der Stolz darüber, dass Sie dem Ruf Ihres Herzens gefolgt sind und Ihren Traum verwirklicht haben, der bleibt für immer.

60.
GRÜBELN SIE NICHT STÄNDIG ÜBER IHRE FEHLER NACH

Fehler sind dazu da, um aus ihnen zu lernen und nicht, um ständig über sie nachzugrübeln. Wenn Sie etwas vermasseln, dann verwenden Sie ein paar Minuten darauf, um herauszufinden, warum das passiert ist, lernen Sie Ihre Lektion und dann lassen Sie das Ganze rasch hinter sich.

Wenn Sie nämlich ständig über Ihre Fehler nachgrübeln und sie in Gedanken immer wieder durchgehen, trägt das nur dazu bei, dass sie noch größer werden.

Also, das nächste Mal, wenn Sie nachts wach liegen und mit sich hadern, wie blöd oder unvernünftig Sie sich verhalten haben, sollten Sie sich unbedingt ins Gedächtnis rufen, dass – aller Wahrscheinlichkeit nach – niemand außer Ihnen so viel Aufhebens um diese Sache macht. Denn allzu oft sind wir selbst unser schärfster Kritiker und schlimmster Feind. Lassen Sie einfach los und vergeuden Sie nicht mehr Energie mit Bedauern als nötig ist. **Betrachten Sie die Sache objektiv. Lernen Sie aus Ihren Fehlern. Lächeln Sie optimistisch. Und dann haken Sie das Ganze ab – um eine Erfahrung reicher und klüger als zuvor.** Immerhin gibt es einen guten Grund, warum Sie einen Fehler gemacht haben: Sie sind auch nur ein Mensch! Jeder von uns macht hin und wieder einen Fehler. Und aus diesem Grund sollten wir uns auch verständnisvoll und nachsichtig zeigen, wenn andere einen Fehler machen.

Vielleicht haben Sie ja diesen Satz schon mal gehört: „Wer schon genug Probleme am Hals hat, sollte sich nicht noch mehr aufhalsen." Dasselbe gilt für Fehler:

Messen Sie einem Fehler nicht mehr Bedeutung bei, als er verdient, indem Sie Ihre wertvolle Zeit damit verschwenden, sich darüber zu grämen. Es liegt nicht in unserer Macht, das Gestern zurückzuholen, aber es liegt sehr wohl in unserer Macht, das Morgen zu gewinnen oder zu verlieren.

Und übrigens: Wenn Sie wirklich clever sein wollen, dann lernen Sie auch aus den Fehlern, die andere Leute machen, denn so können Sie sich manch schmerzliche Erfahrung ersparen. (Eine Zeitung leistet Ihnen dabei für den Anfang ganz gute Dienste, zumindest ist das einer der wenigen Gründe, warum sich Zeitunglesen überhaupt lohnt!)

61.
SCHLUSS MIT BEQUEM UND GEMÜTLICH: RAUS AUS DER KOMFORTZONE

Die Krux an der Sache mit der „Komfortzone" ist, dass sie – wie soll ich sagen – einfach viel zu gemütlich und bequem ist. Doch wenn Sie es sich allzu gemütlich machen, verkümmern Ihre Fähigkeiten und Sie verlieren Ihren Biss. Letztlich ist eine Komfortzone für mich nichts anderes als eine Art *Grube*, in der wir festsitzen, sodass wir unser wahres Potenzial nicht voll entfalten können. Doch kein Mensch sitzt gern in einer Grube; da will jeder so schnell wie möglich raus.

Eine Grube ist schließlich kein Ort, an dem man gern leben möchte, vor allem dann nicht, wenn man hoch hinaus will, um seine Lebensträume zu verwirklichen.

Denn je länger wir an einem Ort verharren und immer wieder dieselben Dinge tun, desto mehr verpassen wir im Leben – und desto schwerer fällt es uns, unser Verhalten zu ändern. Unser Leben verläuft dann immer nach demselben Muster, basiert auf denselben eingeschliffenen Verhaltensweisen. Es ist wie beim Wasser, das sich mit der Zeit beharrlich seinen Weg in den Fels gräbt, und im Laufe der Jahre wird so aus einer kleinen Furche eine tiefe Schlucht und dann wird es immer schwieriger, den Lauf des Wassers zu ändern und in neue Bahnen zu lenken.

Es erfordert schon eine gehörige Portion Mumm, um die ausgetretenen Pfade zu verlassen, doch wenn Sie sich dazu entschließen, etwas Neues oder etwas Ehrgeiziges und Kühnes zu wagen, dann werden Sie ganz sicher davon profitieren. Sie werden sich auf einmal lebendig fühlen. Sie werden auf einmal erkennen, wie viele tolle Möglichkeiten sich Ihnen bieten. Denn wenn Sie sich erst einmal bewusst machen, was Sie eigentlich zu leisten in der Lage sind, werden Sie überrascht sein, wie viele neue Seiten und ungeahnte Fähigkeiten Sie an sich entdecken.

Die meisten Menschen sind im Grunde genommen schlichtweg meschugge, weil sie nämlich allen Ernstes glauben, sie könnten immer wieder das Gleiche tun, am Ende aber ein anderes Ergebnis erwarten. Und wenn sie dann einmal etwas Neues ausprobieren sollen, kriegen sie gleich die Krise.

Doch der Trick an dem Ganzen ist, dass Sie sich trotz Angst nicht davon abbringen lassen dürfen, das für Sie scheinbar „Unmögliche" in Angriff zu nehmen.

Es ist absolut normal, wenn Sie ein wenig Angst haben, wenn Sie sich unsicher fühlen und Ihnen mulmig ist. Ich kenne diese Gefühle sehr gut, denn sie machen sich meist dann bemerkbar, wenn ich eine schwierige Kletterpartie bewältigen muss oder bevor ich mich in einem unwirtlichen Dschungel aussetzen lasse. **Aber dieses mulmige Gefühl in der Magengegend heißt ja nicht, dass Sie die Dinge einfach so belassen sollen, wie sie sind. Denn dieses mulmige Gefühl ist im Prinzip nichts anderes als ein klares Indiz dafür, dass Sie gerade im Begriff sind, sich auf ein echtes Abenteuer einzulassen!** Bevor Sie sich also irgendwann allzu behaglich fühlen, verlassen Sie Ihre Komfortzone: Schauen Sie sich um, richten Sie Ihren Blick nach oben und klettern Sie aus dieser Grube heraus, damit Sie nicht noch tiefer in die Bequemlichkeit abrutschen.

Denn wenn wir uns große Ziele stecken, müssen wir uns auch zwangsläufig auf eine Menge Unwägbarkeiten und eine ordentliche Portion Muffensausen einstellen. Daran sollten Sie sich schon mal gewöhnen. Es ist ein Gefühl, mit dem sich alle Champions vertraut machen müssen.

62.
ZWEI OHREN,
EIN MUND

Meine Eltern haben oft zu mir gesagt, dass ich
aus gutem Grund zwei Ohren und nur einen
Mund hätte und dementsprechend zweimal so
viel hören wie reden sollte. Ein guter Ratschlag.

Wenn Sie in einer Unterhaltung immer nur daran denken, was Sie noch sagen wollen, hören Sie niemals wirklich zu, was andere Leuten zu sagen haben. Doch das heißt, dass Ihnen etwas entgeht.

Falls Sie in einer Situation, in der es um Leben und Tod geht, mehr reden als zuhören, laufen Sie Gefahr, ein paar überlebenswichtige Informationen nicht mitzubekommen – ganz gleich, ob es sich dabei um den Warnlaut eines Raubtiers handelt, dem Sie besser aus dem Weg gehen sollten, oder um das leise Plätschern eines Flusses ganz in der Nähe, der Ihnen das Leben retten kann.

Im Leben ist das ganz genauso: Wenn Sie zu viel reden, bringen Sie sich um die Chance, Ihre Mitmenschen besser kennenzulernen und deren Standpunkt umfassend zu verstehen.

Wenn Sie es sich jedoch zum Prinzip machen, weniger zu reden und dafür mehr zuzuhören, werden Ihre Mitmenschen – sofern Sie sich dann mal zu Wort melden – weitaus mehr daran interessiert sein, was Sie zu sagen haben. Und das aus zwei Gründen: Zum einen, weil sie davon ausgehen, dass Ihr Beitrag wohlüberlegt und wertvoll ist, und zum anderen, weil sie Ihre Stimme so selten hören, dass sie ihrer nicht überdrüssig sind! Wir schätzen nun mal Menschen, die wirklich daran interessiert sind, was andere zu sagen haben. Wenn Sie Ihren Mitmenschen ruhig und besonnen zuhören und ihnen Ihre volle Aufmerksamkeit schenken, werden sie Ihnen dafür Anerkennung zollen und Sie umso mehr mögen.

Denn Ihre Mitmenschen fühlen sich von Ihnen respektiert und ernst genommen, wenn Sie wirklich interessiert und aufmerksam zuhören.

Aber hören Sie keinesfalls nur zu, um gleich Stellung zu nehmen, sondern hören Sie zu, um zu verstehen. Das heißt, während andere mit Ihnen reden, sollten Sie nicht ständig überlegen, was

Sie als Nächstes sagen oder was Sie antworten wollen – hören Sie stattdessen einfach nur aufmerksam zu, damit Sie begreifen, wie Ihr Gesprächspartner sich fühlt oder was er Ihnen mitteilen will.

Das ist eine simple Regel, die allerdings nur wenige beherzigen. Doch genau das ist der entscheidende Grund dafür, warum viele Menschen niemals ihr volles Potenzial im Leben entfalten. Bestimmt kennen Sie das Sprichwort: „Ein leerer Topf am meisten klappert, ein leerer Kopf am meisten plappert." Wie wahr! Die besten Abenteurer und Bergsteiger und ebenso die erfolgreichsten Menschen, die ich kennengelernt habe, können alle nicht nur hervorragend zuhören, sondern sie reden auch nicht übermäßig viel. Sie wägen lieber jede Option sorgfältig ab und nehmen sich die Zeit, all die Informationen, die sie bekommen, zuerst einmal in Ruhe zu verarbeiten.

Es passiert allzu leicht, dass man nicht richtig zuhört und vorschnell eine Lagebeurteilung vornimmt oder eine Entscheidung trifft, ohne die möglichen Konsequenzen zu bedenken – wenn Sie dagegen gewissenhaft und aufmerksam zuhören, haben Sie damit wertvolle Zeit gewonnen, um eine Situation korrekt einzuschätzen.

Das Zuhören hat mir schon etliche Male das Leben gerettet, und zwar insbesondere, wenn ich in der Einsatzbesprechung von ortskundigen Rangern detaillierte Sicherheitsanweisungen bekam, bevor ich mich in die Wildnis gewagt habe. Hören Sie immer aufmerksam zu – Ihr Leben könnte womöglich von der Erfahrung oder den Ratschlägen und Tipps anderer abhängen.

Achten Sie also darauf, dass Sie Ihre Ohren und Ihren Mund im richtigen Verhältnis benutzen – das heißt, hören Sie zweimal so viel zu, wie Sie reden. Für erfolgreiche Menschen ist das zur festen Gewohnheit geworden.

63.
LASSEN SIE
ANDERE
GLÄNZEN

Jeder von uns ist ihnen schon einmal begegnet:
Jenen Leuten, die sofort, nachdem man eine lustige
Geschichte zum Besten gegeben hat – vielleicht, wie
man einen Riesenfisch geangelt oder wie es einen mit
Karacho vom Fahrrad gebrezelt hat –, eine noch viel
lustigere Geschichte über einen noch viel größeren
Fisch oder einen noch unsanfteren Abstieg mit noch
mehr Karacho zu erzählen haben!

Dadurch fühlt man sich dann ziemlich klein.

**Jeder von uns hat tollere und bessere Geschichten zu er-
zählen, aber es ist eben ein schöner Zug, wenn man es
fertigbringt, einfach mal den Mund zu halten und es dem
Erzähler zu gönnen, dass er die Aufmerksamkeit der Zu-
hörer genießen und einen Moment lang im Mittelpunkt
stehen kann.**

Einen Prahlhans mag niemand – ganz egal, wie groß der Fisch
war, den er geangelt hat, oder wie schlimm er gestürzt ist. Was
mich betrifft, so bin ich viel lieber mit Menschen zusammen,
die gern mal andere glänzen lassen, die ihren Geschichten lauschen und sich nicht gleich genötigt sehen, besser, schneller,
lustiger oder lauter zu sein.

Machen Sie sich immer bewusst: Wenn jemand Ihnen eine Geschichte erzählt, tut er das sehr wahrscheinlich, weil es darin
um etwas geht, was für ihn von Bedeutung ist. Sie würden ja
auch nicht ungeniert auf dem Eigentum anderer Leute herumtrampeln, also sollten Sie auch nicht auf ihren Leistungen oder
Erfolgen herumtrampeln.

Die Sympathien Ihrer Mitmenschen werden Ihnen nur so zu-
fliegen, wenn Sie sich zurücklehnen und begeistert ihren Geschichten lauschen. Und denken Sie daran: Der ganze Erfolg
nützt Ihnen nichts, wenn Sie am Ende ohne Freunde dastehen!

64.
GEHEN SIE MIT GUTEM BEISPIEL VORAN

Ich will Ihnen hier das Geheimnis guter Menschenführung verraten (allerdings geht es dabei nicht darum, wer andere lautstark herumkommandieren kann!). Gute Führung hat einzig und allein damit zu tun, sich um seine Leute zu kümmern und sie zu motivieren, stets ihr Bestes zu geben.

Die Geschichte des Polarforschers Sir Ernest Shackleton wird meistens mit einer der langwierigsten und dramatischsten Rettungsaktionen aus dem ewigen Eis in Verbindung gebracht, aber sie ist auch eines der besten Beispiele, wie immens wichtig eine gute Menschenführung ist.

Als Shackleton 1914 an Bord der *Endurance* in See stach und Kurs auf das Südpolarmeer nahm, wollte er mit dieser Expedition den antarktischen Kontinent von der Küste aus auf dem Landweg erforschen. Doch im Januar 1915, nur knapp 100 Seemeilen vom Südpol entfernt, steckte sein Schiff im Treibeis fest. Shackletons Männer versuchten, mit Pickeln und Sägen eine Durchfahrt freizumachen, doch das Eis war zu dick. Es blieb ihnen daher nichts anderes übrig, als darauf zu warten, dass bei besserem Wetter das Eis allmählich aufbrechen würde.

Wenn Shackletons Männer in dieser Situation – eingeschlossen im ewigen Eis, in extremer Kälte, ohne Funkgerät und ohne jegliche Möglichkeit, mit der übrigen Welt in Kontakt zu treten – wahnsinnig geworden wären oder gewalttätig reagiert hätten, wäre das nur allzu verständlich gewesen.

Doch Shackleton verstand es hervorragend, sich um seine Leute zu kümmern. Er hielt sie ständig auf Trab und gab ihnen das Gefühl, dass er auf sie angewiesen war – so ließ er sie Robben jagen, denn sie brauchten das Fleisch und die Fettschicht, übertrug ihnen wissenschaftliche Forschungsaufgaben und organisierte Wettkämpfe, um nicht nur die Moral, sondern auch die geistige und körperliche Fitness seiner Mannschaft aufrechtzuerhalten.

Denn Shackleton wusste sehr genau, dass das Überleben seiner Männer maßgeblich von ihrer Fähigkeit abhing, die Hoffnung nicht aufzugeben. Er übernahm einen sehr viel größeren Teil an Aufgaben, als es seine Pflicht gewesen wäre, und achtete penibel darauf, dass in den Gesprächen seiner Leute nicht einmal ansatzweise ein anderer Gedanke aufkam als der an eine erfolgreiche Heimkehr.

Die Willensstärke und Entschlossenheit der Männer wurde durch die ständige Dunkelheit, die Ungewissheit, die Eiseskälte und die endlose Warterei auf eine extrem harte Probe gestellt – eine entsetzliche Situation, die über kurz oder lang jeden an Bord zermürben konnte. Doch Shackleton wusste, dass tiefe Niedergeschlagenheit und Verbitterung eine weitaus größere Bedrohung für das Überleben seiner Männer waren als Unterkühlung, und deshalb tat er sein Möglichstes, um negativen Gefühlen entgegenzuwirken.

Als es endlich Frühling wurde und das Eis langsam aufbrach, sorgte die Bewegung der Eisschollen jedoch nicht dafür – wie alle gehofft hatten –, dass die *Endurance* freikam. Stattdessen zerstörte das Treibeis ihre einzige Hoffnung auf Rettung, und zwar Spant um Spant. Denn das Schiff wurde zwischen den mächtigen, in Bewegung geratenen Eisschollen immer fester einquetscht, sodass der hölzerne Rumpf durch den immensen Druck des Treibeises regelrecht zermalmt wurde.

Nachdem die Eisschollen über Wochen hinweg geächzt und geknarrt hatten – und dabei die schweren massiven Eichenspanten des Schiffsrumpfs mit Leichtigkeit zum Bersten brachten, als wären sie Streichhölzer –, legte sich auf einmal eine gespenstische Stille über die weite weiße Eiswüste, bis der Rest der vom Eis zerquetschten *Endurance* allmählich hinunter in die Tiefe glitt.

Die Mannschaft sah einem düsteren Schicksal entgegen – einem langsamen qualvollen Tod durch Erfrieren und Verhungern –, denn dass das Blatt sich wenden könnte, schien völlig unmöglich.

Wie reagiert nun eine großartige Führungspersönlichkeit in einer so aussichtslosen Situation?

Shackleton gab seinen Leuten nicht nur Hoffnung und eine Aufgabe, sondern er spornte sie dazu an, mit eisernem Willen durchzuhalten und sich umeinander zu kümmern. Er sagte ihnen, dass ihre Überlebenschance im Wesentlichen von einer

227

positiven Einstellung abhänge – ganz gleich, wie hart und beschwerlich der vor ihnen liegende Weg auch sein würde.

Doch vor allem war er fest entschlossen, nicht einen einzigen Mann zu verlieren.

In den folgenden sechs Monaten kampierten Shackleton und seine Männer auf einer Eisscholle in der Hoffnung, dass sie durch die Eisdrift auf Land zutreiben würde. Doch als das nicht passierte, entschlossen sie sich, die schweren Rettungsboote der *Endurance* über das Packeis bis ins offene Wasser zu schleppen. Zentimeter um Zentimeter.

Dann trieben sie – wie winzige Staubkörnchen in einem gigantischen Eiskühler – fünf qualvolle Tage auf See, bevor sie endlich Elephant Island erreichten. Durch das eiskalte Wasser waren sie total durchgefroren und bis auf die Haut durchnässt. Die Männer hatten zwar nun festen Boden unter den Füßen, aber sie befanden sich noch immer in einer der unberechenbarsten und lebensfeindlichsten Gegenden dieser Erde; ihre Vorräte und ihre Kraft nahmen immer weiter ab und es gab nicht die geringste Aussicht auf Rettung.

Die allerletzte Möglichkeit, die ihnen noch blieb, bestand darin, ein kleines Team in einem der Rettungsboote loszuschicken, um Richtung Norden zu segeln und Südgeorgien zu erreichen. Denn dort gab es eine Walfangstation – allerdings wären sie einen ganzen Monat dorthin unterwegs.

Jeder von ihnen wusste, dass die Wahrscheinlichkeit, in einem winzigen offenen Boot eines der stürmischsten Seegebiete des Südpolarmeeres zu durchsegeln und mit dem Leben davonzukommen, äußerst gering war.

Shackleton hätte die Leitung dieser extrem gefährlichen Mission sehr wohl einem anderen übertragen können, aber er wusste, dass er dieses kleine Team selbst führen musste.

Doch was den Männern nun bevorstand, war eine der absolut

abenteuerlichsten Unternehmungen, die von unglaublichen Entbehrungen, großem Können, unvorstellbarem Durchhaltevermögen und vom Mut der Verzweiflung geprägt war, bis sie schließlich die gebirgige und stark zerklüftete Küste Südgeorgiens erreichten.

Doch selbst nachdem die Männer es sicher an Land geschafft hatten, war ihre Odyssee noch nicht zu Ende, denn sie mussten eine hohe, unerforschte und windumtoste Gebirgskette überklettern, bevor sie sich Kilometer um Kilometer durch gefährliche Eispassagen und Gletscherspalten bergab quälten, um in den geschützt gelegenen und bewohnten Teil der Insel zu gelangen.

Von Südgeorgien aus unternahm Shackleton dann sage und schreibe noch einmal vier Rettungsaktionen, um die übrigen Männer zu holen, die er auf Elephant Island zurückgelassen hatte. Er dachte nicht im Entferntesten daran aufzugeben.

Dann endlich, nach zwei langen Jahren Überlebenskampf unter extremsten Bedingungen und unter unvorstellbaren Entbehrungen, wobei nur die einfachste Ausrüstung zur Verfügung stand, die man sich vorstellen kann (Sie wissen schon, dass es damals noch kein GPS oder Gore-Tex gab?!), wurde jeder einzelne von Shackletons Männern gerettet.

Viele andere Expeditionen hatten zwar eine bessere Ausrüstung, eine bessere Unterstützung von außen und eine bessere Kommunikationstechnik – aber sie hatten nicht Shackletons Führungskompetenz.

Die Macht, die von einer hervorragenden Führungspersönlichkeit ausgeht, kann gar nicht hoch genug bewertet werden, denn im Wesentlichen beruht hervorragende Führungskompetenz immer darauf, Vorbild zu sein und mit gutem Beispiel voranzugehen. Das heißt, anderen ein Beispiel zu geben in puncto Moral, Glaube und Zuversicht, Fürsorge und Mut.

Daher ist es von immenser Bedeutung, dass Sie sich mit den elementaren Grundsätzen der Menschenführung vertraut machen – das heißt, dass Sie lernen, Weitblick zu beweisen, Vorbild zu sein und Verantwortung für Ihr Team zu übernehmen.

65.
ERNÄHREN SIE SICH GESUND UND TREIBEN SIE REGELMÄSSIG SPORT

Bisher habe ich in diesem Buch sehr ausführlich erläutert, wie wichtig die innere Einstellung für den Erfolg ist. Allerdings gibt es noch einen weiteren Faktor, den man nicht vernachlässigen darf – die richtige Ernährung und regelmäßiges Training. Denn wenn Sie Ihre Träume verwirklichen wollen, spielt beides langfristig eine entscheidende Rolle, oder aber Sie riskieren eine extreme Beeinträchtigung Ihrer Leistungsfähigkeit.

Wenn Sie einen schnittigen Ferrari besitzen und dann Diesel-kraftstoff von einem alten Traktor in den Tank schütten, ist das Maximum, was Sie aus Ihrem Ferrari herausholen können, bestenfalls eine Menge schwarzer, stinkender Rauch, verbunden mit dem lauten Knallen zahlreicher Fehlzündungen

Bei unserem Körper ist das ganz genauso. Es spielt keine Rolle, wie groß und kräftig Sie gebaut sind, denn wenn Sie sich nicht gesund ernähren und fit halten, werden Sie nur ein Minimum an Leistung bringen (dafür aber ein Maximum an Rülpsern von sich geben).

Glauben Sie ja nicht, Sie könnten Ihren eigenen persönlichen Mount Everest in Angriff nehmen und bezwingen, wenn Sie sich von industriell verarbeiteten Lebensmitteln ernähren und niemals Sport treiben, um sich körperlich fit zu halten.

Allerdings habe ich auch eine gute Nachricht für Sie: Es ist gar nicht mal so schwer, auf seinen Körper zu achten und sich fit zu halten.

Vorab das Wichtigste in puncto Ernährung: Essen Sie möglichst wenig industriell verarbeitete Lebensmittel, weißen Zucker, Salz, gesättigte Fettsäuren, helles Brot, Weißmehl, und vor allem trinken Sie nicht zu viel Alkohol.

Essen Sie stattdessen sehr viel frisches Obst und Gemüse, und zwar am besten roh, wenn es geht. Halten Sie sich an Vollkornprodukte, wie braunen Reis und dunkles Brot, und entscheiden Sie sich bevorzugt für Nahrungsmittel, die auch in freier Natur vorkommen – soll heißen, Sie werden sicher keinen Baum finden, auf dem Donuts wachsen! Achten Sie darauf, naturbelassene Fette zu sich zu nehmen, wie sie in Nüssen oder Avocados vorkommen, und greifen Sie lieber zu magerem und eiweißreichem Putenfleisch oder einem Stück Fisch als zu Rind- oder Schweinefleisch.

Wenn Sie sich an diese einfachen Regeln halten, werden Sie nicht nur Gewicht verlieren, sondern gleichzeitig Ihre Muskeln, Ihr Gehirn und Ihr Herz stärken.

Ich halte mich gern an die 80-zu-20-Regel. Das heißt, wenn ich mich in 80 Prozent der Zeit gesund ernähre, darf ich mir in den restlichen 20 Prozent der Zeit auch mal eine (weniger gesunde) Leckerei gönnen.

(Übrigens: Wenn Sie sich zu einem regelrechten Gesundheitsfanatiker entwickeln, kann das Leben ganz schön langweilig sein; und wenn Sie umgekehrt Unmengen an Schokolade in sich hineinstopfen, können Sie den Geschmack von Schokolade überhaupt nicht mehr genießen.) Gönnen Sie sich ruhig ein paar Leckereien, aber achten Sie darauf, dass Sie das nur hin und wieder tun, anstatt sich davon zu ernähren. Und versuchen Sie, jeden „ungesunden" Genuss dadurch auszugleichen, dass Sie doppelt so viel von den gesunden Nahrungsmitteln zu sich nehmen. Maßvoll genießen, darauf kommt es an.

Ich bemühe mich, diese wichtigen Ernährungsgrundsätze stets zu beherzigen.

Und nun zum nächsten Punkt: Körperliche Fitness.

Das Geheimnis einer guten körperlichen Fitness besteht darin, dass man sich das Sporttreiben zur Gewohnheit macht und dass man alltägliche Aufgaben mit sportlichen Übungen verbindet.

Ich habe mir angewöhnt, an fünf bis sechs Tagen pro Woche zu trainieren. Aber Sie können durchaus weniger trainieren; dreimal pro Woche genügt völlig. Außerdem achte ich darauf, dass ich verschiedene Trainingskomponenten in mein Fitnessprogramm integriere, sodass ich meistens gleichzeitig etwas für meine Ausdauer (Herz/Kreislauf), Kraft und Beweglichkeit tue. Was die Trainingsdauer angeht, so ist weniger oft mehr. Ich persönlich trainiere lieber für etwa 30 bis 40 Minuten bei hoher

Belastungsintensität als eine Stunde bei gleichmäßiger Belastung. Ein Training bei höherer Herzfrequenz sorgt nämlich nicht nur für eine länger anhaltende Stimulation des Stoffwechsels, sondern wirkt sich auch positiv auf das Muskelwachstum aus. Allerdings ist es auch wichtig, dass das Training Spaß macht. Suchen Sie sich also eine sportliche Betätigung, an der Sie Freude haben – sei es Tennis, Wandern oder Zirkeltraining mit einem Partner. Denn wenn Ihnen das Training Spaß macht, ist das schon die halbe Miete. Dann vergeht die Zeit wie im Flug.

Aber denken Sie daran: Es gibt immer eine passende Ausrede, um das Training sausen zu lassen. „Mein Trainingspartner ist krank." „Ich bin im Urlaub." „Ich bin diese Woche auf Geschäftsreise." Hören Sie bloß nicht auf Ihren inneren Schweinehund. Wenn es nicht anders geht, mache ich eben meine Yogaübungen im Flughafen, meine Liegestütze im Dschungel und mein Sprinttraining auch mal im Treppenhaus eines Hotels. Schließlich bietet sich Ihnen überall die Möglichkeit, zu trainieren und Ihre Herzfrequenz in die Höhe zu treiben.

Selbst wenn Sie mal ein paar Tage hintereinander keine Zeit haben: Schon zwei oder drei Minuten hoch intensives Intervall-Krafttraining ganz ohne Geräte, nur mithilfe des eigenen Körpergewichts, reichen aus, um Ihre Fitness deutlich zu verbessern und Ihre Stimmung übrigens auch.

Letztendlich geht es bei einer gesunden Lebensweise darum, dass Sie Ihr Fitnessprogramm zu einem festen Bestandteil Ihres Lebens machen.

Damit meine ich zum Beispiel, dass Sie Treppen steigen, anstatt den Fahrstuhl zu benutzen, oder dass Sie die Rolltreppe hinaufgehen, anstatt einfach stehen zu bleiben. Was auch immer Sie für Ihre Fitness tun, tun Sie es mit Begeisterung und Energie, dann werden Sie sicher hundert Jahre alt.

(Genau genommen kann ich für Letzteres zwar nicht garantieren, aber ich kann Ihnen versichern, dass Sie ein gesünderes und erfüllteres Leben führen werden, denn wenn Sie sich jeden

Tag sportlich betätigen, sorgt das nicht nur für eine bessere Durchblutung Ihres Körpers, sondern auch dafür, dass jede Menge Glückshormone freigesetzt werden – und beides trägt langfristig dazu bei, dass alle Körpersysteme optimal funktionieren.)

Und das war's auch schon: Ernähren Sie sich gesund und treiben Sie regelmäßig Sport! Damit ist das Wesentliche auf den Punkt gebracht. Ich hab's Ihnen doch gesagt, es ist gar nicht so schwer, auf seinen Körper zu achten und sich fit zu halten.

66.
DER WILLE ZU SIEGEN IST NICHT GENUG, MAN MUSS AUCH WILLENS SEIN, HART ZU TRAINIEREN

Im Laufe der Jahre habe ich eine Menge Leute kennengelernt, die beteuerten, alles Erdenkliche zu tun, um einen Wettkampf zu gewinnen oder einen hohen Berg zu bezwingen. Doch manchmal ist der Wille zu siegen eben einfach nicht genug.

Denn im Prinzip nützt der Siegeswille allein herzlich wenig, wenn Sie nicht auch willens sind, hart zu trainieren.

Der Tag des Wettkampfs ist der leichte Teil der Übung: Alle Augen sind auf Sie gerichtet und das Adrenalin rauscht durch Ihren Körper.

Doch jeder Wettkampf und jede Schlacht wird in der Vorbereitungsphase gewonnen oder verloren: In jenen ruhmlosen, unspektakulären Zeiten, wenn frühmorgens um 5:30 Uhr der Wecker klingelt, es in Strömen regnet und man überhaupt keine Lust hat, das warme Bett zu verlassen, um sein Lauftraining zu absolvieren.

Machen Sie also nicht den Fehler, sich ins Zeug zu legen, um ein bestimmtes Ziel zu erreichen, wenn Sie nicht über die erforderlichen Fähigkeiten oder Kraftreserven verfügen, die Sie sich nur durch konsequentes Trainieren aneignen können.

Die Geschichte über den eisernen Trainingswillen des Weltklasse-Athleten Daley Thompson, der im Zehnkampf bei den Olympischen Spielen 1980 und 1984 Gold geholt hat, imponiert mir sehr.

Er sagte immer, dass es einen Tag im Jahr gebe, an dem er am allerliebsten trainiere, und zwar am ersten Weihnachtsfeiertag, weil er genau wisse, dass dies der einzige Tag sei, an dem seine Konkurrenten nicht trainieren würden. Das ist nicht nur wahre Einsatzbereitschaft, sondern auch ein wesentlicher Grund, warum er gewonnen hat. Denn er betrachtete dieses Extra-Training als Chance, ein 365stel schneller zu sein als seine Rivalen!

Denken Sie also stets daran: Ob wir unsere Ziele letztlich erreichen, hängt allein davon ab, wie gut wir uns vorbereiten und wie oft wir in all den Monaten trainieren, bevor wir uns in der entscheidenden Phase bewähren müssen. Denn wenn

Sie fleißig trainieren, führt Ihre Einsatzbereitschaft Sie unausweichlich auf den Gipfel oder wird gar durch eine Goldmedaille gekrönt.

Das ist ganz nach meinem Geschmack, denn das heißt, dass im Leben diejenigen belohnt werden, die unbeirrbar und mit eiserner Entschlossenheit ihr Ziel verfolgen, und nicht etwa diejenigen, die einen hervorragenden Uni-Abschluss in der Tasche haben.

67.
SEIEN SIE
GROSSZÜGIG

Jetzt, da Sie intensiv auf Ihr Ziel hinarbeiten und
sehr viel dazugelernt haben, werden Sie vielleicht
feststellen, dass Sie langsam ganz gut verdienen.
Denn wenn Menschen ihre Arbeit lieben und ihr
Ziel mit einer unglaublich positiven inneren
Einstellung und eiserner Entschlossenheit
verfolgen, stellt sich meistens – allerdings
nicht immer – auch der finanzielle Erfolg ein.

Wenn Sie also weiterhin ganz gut verdienen, sollten Sie entsprechend darauf vorbereitet sein, wie Sie mit Ihrem Geld richtig umgehen, damit Sie stets die Kontrolle über das Geld haben und nicht etwa das Geld die Kontrolle über Sie. Wie das funktioniert, werde ich Ihnen in diesem Kapitel genau erklären.

Bisher habe ich Sie in diesem Buch stets dazu ermuntert, Ihre Zeit, Ihre Fähigkeiten sowie Ihre Herzenswärme und Hilfsbereitschaft großzügig zum Einsatz zu bringen. Der Grund dafür ist simpel: Großzügigkeit ist eine wesentliche Charaktereigenschaft glücklicher und zufriedener Menschen.

Wenn wir jedoch nicht glücklich und zufrieden sind, wie können wir dann ernsthaft behaupten, erfolgreich zu sein?

Allerdings sollte sich unser Erfolg zum Teil auch darin widerspiegeln, dass wir großzügig mit unserem Geld umgehen.

Ich werde Ihnen demonstrieren, dass wir einen Teil unseres schwer verdienten Geldes unbedingt spenden sollten, wenn wir langfristig glücklich und zufrieden bleiben wollen.

Wenn sich nämlich jemand allzu sehr an sein Hab und Gut klammert, an seine einzigartigen Fähigkeiten oder sein Vermögen, kann er irgendwann sein Leben nicht mehr richtig genießen. Deshalb sollten wir stets großzügig sein und bereitwillig geben, damit wir die schönsten Dinge im Leben auch in vollen Zügen genießen können.

Mir ist schon klar, dass Geld immer ein heikles Thema ist, allerdings werde ich Ihnen jetzt ganz sicher nicht erzählen, dass es nur eine Möglichkeit gibt, wie Sie Geld spenden können, oder wie viel Sie spenden sollten oder welche Wohltätigkeitsorganisationen die besten sind.

Denn ich vertraue schlichtweg darauf, dass ein Mensch, der clever genug ist, sich ein erfolgreiches Leben aufzubauen, ganz sicher auch clever genug ist, zu verstehen, dass es beim Spenden ebenso sehr auf die innere Einstellung und die warmherzige, hilfsbereite Geste ankommt wie auf die Summe, die letztlich gespendet wird.

(Aber denken Sie daran: Durch großzügige Geldspenden sichern wir uns keinen Platz im Himmel – so viel ist sicher. Denn dass wir in den Himmel kommen, ist ein Geschenk, das jemand anderer für uns erworben hat, und zwar zu einem weitaus höheren Preis, als wir jemals bezahlen könnten. Doch indem wir bereitwillig Geld spenden, erweisen wir uns damit ganz nebenbei erkenntlich und würdig, dass uns dieses große Geschenk zuteilwurde!)

Denn wenn wir ein wundervolles Geschenk bekommen, wollen wir ganz intuitiv aus einem tiefen Gefühl der Dankbarkeit heraus etwas zurückgeben. So ticken wir nun mal – deshalb sollten wir diesem angeborenen Instinkt auch folgen.

Es spielt keine Rolle, wen Sie mit Ihrer Spende unterstützen und wie viel Sie spenden, allerdings sollten Sie darauf bedacht sein, dass es Ihnen eine echte Herzensangelegenheit ist, einen Teil Ihres Einkommens jenen Menschen zukommen zu lassen, die wirklich bedürftig sind.

Unterstützen Sie Freunde, die eine fantastische Arbeit machen, aber nur wenig verdienen; unterstützen Sie Wohltätigkeitsorganisationen, deren Arbeit Sie berührt; unterstützen Sie jene Menschen, die die Welt scheinbar vergessen hat; lassen Sie sich von Ihrem Herzen leiten – und zeigen Sie sich großzügig, wenn es zu Ihnen spricht.

Aber vor allen Dingen sollten Sie auch selbst Ihr Leben in vollen Zügen genießen – was hindert Sie daran? Schließlich haben Sie ja hart dafür gearbeitet und Ihre Steuern gezahlt – Sie haben es sich verdient. Das Wichtigste ist jedoch, dass Sie dabei nie vergessen, immer wieder großzügig zu spenden, um Gutes zu bewirken und andere zu unterstützen.

Wenn Sie das beherzigen, wird das Geld im Gegenzug sehr viel Gutes für Sie tun …

Denn diese Einstellung sorgt dafür, dass Sie nicht zum Sklaven Ihres Geldes werden; sie gewährleistet, dass Sie stets die Kontrolle über das Geld haben und nicht etwa das Geld die Kontrolle über Sie.

Mit dieser Einstellung ist Geld für Sie nichts anderes als ein Mittel zum Zweck, ein Hilfsmittel, das es Ihnen erlaubt, nicht nur Ihr eigenes Leben zu verbessern, sondern Ihnen gleichzeitig die einzigartige Möglichkeit bietet, auch das Leben Ihrer Mitmenschen positiv zu beeinflussen.

Machen Sie stets regen Gebrauch von dieser Möglichkeit.
Nur so ist gewährleistet, dass Sie das Geld nicht krampfhaft mit beiden Händen festhalten – das heißt, dass Sie sich nicht daran festklammern und Angst haben, es loszulassen, denn dank dieser Einstellung sind Sie in der Lage, es leichten Herzens an jene weiterzugeben, die es nötiger haben als Sie.
Und denken Sie daran: Die Geldspende, mit der Sie andere unterstützen, wird Sie persönlich sehr viel mehr bereichern, als die reine Geldsumme Ihnen jemals an Reichtum bringen könnte.
Es gibt eine sehr anschauliche Parabel im Markus- und Lukasevangelium, wo Jesus und seine Jünger die Menschen beobachteten, die zum Tempel kamen und ihre Almosen in den Opferkasten legten. Viele von ihnen zogen eine große Schau ab, weil sie einen beträchtlichen Geldbetrag spendeten – ein Schauspiel, das alle mit Bewunderung verfolgten.
Doch dann kam eine alte Witwe und warf schweigend zwei der kleinsten Münzen hinein, die es damals gab. Daraufhin erklärte Jesus seinen Anhängern, dass diese zwei Münzen, die die arme Witwe gegeben hatte, auch wenn es sich nur um einen sehr geringen Geldbetrag handelte, in Gottes Augen weitaus mehr Gewicht hatten als die großen Spenden der Reichen.

Diese Parabel führt uns vor Augen, dass es nicht in erster Linie auf die Höhe der Spende ankommt, sondern auf die innere Einstellung, das heißt auf die warmherzige und hilfsbereite Geste. Die alte Witwe hat es richtig gemacht, denn das eigentliche Vermächtnis ihrer Opfergabe hat alle Zeit überdauert – sehr viel länger, als irgendein Geldbetrag es wert gewesen wäre, darüber zu reden.

Investieren Sie also nicht in ein kurzlebiges Vermächtnis, sondern in eines, das alle Zeit überdauert. In diesem Sinne: Geben Sie stets großzügig und von Herzen.

68.
ALLEN
WIDRIGKEITEN ZUM
TROTZ EIN HEITERES
GEMÜT BEWAHREN

Während meiner Zeit beim Militär habe ich sehr
oft mit den Royal Marine Commandos – der
Marineinfanterie des britischen Naval Service –
zusammengearbeitet. „Allen Widrigkeiten zum
Trotz ein heiteres Gemüt bewahren" – das ist
einer der Grundsätze, von denen sich die Royal
Marines im Einsatz leiten lassen, und außerdem
ein großartiger Leitsatz fürs Leben.

Es ist nicht schwer, heiter und frohgestimmt zu sein, wenn alles wie am Schnürchen läuft, doch auch dann noch frohen Mutes zu sein, wenn alles schiefläuft, das ist die wahre Kunst!

Ich kann mich noch gut daran erinnern, dass wir einmal im Rahmen der Doku-Reihe *Escape to the Legion* eine ausgesprochen unangenehme Nacht in der Sahara verbrachten, in der wir von ehemaligen Angehörigen der französischen Fremdenlegion mächtig getriezt wurden. Die Stabsunteroffiziere lösten sich regelmäßig ab, um sicherzustellen, dass wir während der Nacht bis zum Morgengrauen alle 15 Minuten aus dem Schlaf gerissen wurden.

Sie kamen dann jedes Mal hereingestürmt, schmissen unsere gesamte Ausrüstung entweder aus dem Fenster oder verteilten sie kreuz und quer im Schlafraum; sie warfen unsere Betten um und verstreuten den Inhalt unserer Spinde im Wüstensand, und zwar immer wieder von Neuem, sobald wir unsere Sachen wieder fein säuberlich eingeräumt hatten. Diese Nacht war für uns alle eine echte Zerreißprobe.

Zu unserem Team gehörte ein Rekrut namens Bobby, den werde ich nie vergessen. Um 4:30 Uhr kamen die Stabsunteroffiziere dann so richtig in Fahrt. Dies war unsere dunkelste Stunde, denn mittlerweile waren wir alle völlig erschöpft, weil wir durch diese stumpfsinnige und auf Schlafentzug ausgelegte brutale Übung die ganze Nacht kein Auge zugemacht hatten. Aber Bobby schaute uns nur an und sagte mit einem Schmunzeln: „Gleich gibt's Frühstück!"

Es war einfach die Art, wie er das sagte, die bei uns allen schlagartig für bessere Laune sorgte – mit so einem leicht ironischen Grinsen auf den Lippen, während er sich daranmachte, seine Ausrüstung wieder zusammenzuklauben, die von den Dachsparren des Kasernengebäudes herunterbaumelte. Seither sage ich mir jedes Mal, wenn ich eine extrem schwierige

Situation bewältigen muss: „Alles wird gut – gleich gibt's Frühstück!" Dann muss ich immer schmunzeln.

Sie sehen, Bobby wusste, dass es zwei Möglichkeiten gibt, wie wir in einer Extremsituation reagieren können: Entweder jammern oder aber die Zähne zusammenbeißen, sich auf seine Arbeit konzentrieren, lächeln und die Sache zu Ende bringen.

Denken Sie daran: Jammerlappen kommen nicht gut an.

Wenn wir wahnsinnig viel zu tun haben, würden wir dann nicht alle viel lieber mit jemandem zusammenarbeiten, der einfach nur sagt: „Okay, dann legen wir doch mal ´ne flotte Mucke auf, verteilen die Aufgaben und krempeln die Ärmel hoch. Gleich gibt's Frühstück!"

Im Leben muss man immer wieder schwere Zeiten durchstehen. Jedes große Ziel – ganz gleich, wie glamourös es auf dem Papier auch aussehen mag – wird zwangsläufig eine Unmenge langweiliger Aufgaben mit sich bringen, die erledigt werden müssen. So läuft das im Leben nun mal.

Doch wenn Sie jammern und sich hundeelend fühlen, wird das an den Tatsachen nichts ändern – und schon gar nicht Ihre Lage verbessern. Im Prinzip machen Sie Ihre Situation damit nur noch schlimmer.

Wenn ich mich auf einer Expedition befinde, sind für mich Teammitglieder, die heiter und frohen Mutes sind, fast genauso wichtig wie frisches Wasser. Und vor allem in einer Extremsituation, in der es ums nackte Überleben geht, sind solche Leute schlichtweg unbezahlbar.

Es liegt nicht immer in Ihrer Hand, in welche Situationen Sie im Leben geraten, doch Sie haben es immer in der Hand, mit welcher Einstellung Sie diese bewältigen.

Eine positive Einstellung zahlt sich immer für Sie aus, denn sie kann nicht nur zu einem positiven Ausgang beitragen, sondern Ihnen auch in einer Extremsituation sehr gute Dienste leisten.

Denn wenn Sie ein unerschütterlicher Optimist sind und ein heiteres Gemüt haben, sind Ihre Mitmenschen viel eher bereit, Ihnen in kritischen Situationen zu helfen und Ihnen zur Seite zu stehen.

Wenn Sie mit widrigen Umständen zu kämpfen haben, sind Sie nämlich über jede Hilfe froh, die Sie kriegen können.

Orientieren Sie sich daher am Leitsatz der Royal Marines: Lächeln Sie, auch wenn es regnet, bewahren Sie trotz aller Widrigkeiten ein heiteres Gemüt, und betrachten Sie Krisen als Chance zu beweisen, was in Ihnen steckt.

„Gleich gibt's Frühstück!"

69.
WENN SIE DURCH DIE HÖLLE GEHEN, BLEIBEN SIE NICHT STEHEN

Ob ich durch die sengend heiße, staubige Wüste marschiere, in einem mit Stechmücken verseuchten Sumpf feststecke oder im Polarmeer bei eisiger Kälte bis auf die Knochen durchgefroren und durchnässt bin – in jeder Extremsituation gibt es immer einen Grundsatz, den ich mir vor allem anderen ganz bewusst vor Augen führe (denn es ist leicht, sich daran zu erinnern, auch wenn man hundemüde ist und sich nicht besonders tapfer oder stark fühlt). Es ist dieses …

... bleib nicht stehen, geh einfach weiter.

Winston Churchill sagte diesen Satz in einem der düstersten Augenblicke des Zweiten Weltkriegs, als die Situation für die Briten schlimmer war als je zuvor. Am 10. Mai 1940, als er zum Premierminister des Vereinigten Königreichs ernannt wurde, sah es ganz danach aus, als ob die Briten am Ende wären. Sie standen allein, ohne Unterstützung gegen die barbarischen und siegreichen Nazi-Truppen.

Zwei Wochen nach Churchills Amtsübernahme zeichnete sich die Niederlage Frankreichs ab und 340.000 britische Soldaten waren zunächst am Strand von Dünkirchen eingeschlossen, konnten aber über den Kanal evakuiert werden. Die Deutschen hatten zu diesem Zeitpunkt ganz Europa fest im Griff.

Es schien unmöglich, dass Großbritannien diesen Krieg überleben würde.

Doch wie hat Churchill in dieser Situation reagiert? Er sagte nur: „Wenn du durch die Hölle gehst, bleib nicht stehen."

Es ist beruhigend zu wissen, dass es beim Kampf ums Überleben im Wesentlichen nur darauf ankommt, diesen simplen Grundsatz zu beherzigen. Alles, was Sie tun müssen, ist, einen Fuß vor den anderen zu setzen. Auch wenn Sie keine großen Fortschritte machen, dürfen Sie nicht stehenbleiben, sondern müssen einfach entschlossen weitergehen. Das ist nicht nur der wichtigste Grundsatz, um in Extremsituationen zu überleben, sondern auch die Grundvoraussetzung, um erfolgreich zu sein.

Wenn wir schwierige Lebenssituationen bewältigen müssen, ist das im Prinzip auch nicht anders. Ein Todesfall in der Familie, eine schwere Krankheit oder großer Kummer – dies alles sind Dinge, die jeder in seinem Leben irgendwann durchmacht. Manchmal kann die emotionale Belastung dieser Ereignisse uns regelrecht in die Knie zwingen. Doch diese Situationen können wir immer nur auf dieselbe Art und Weise bewältigen: Nicht stehen bleiben, sondern immer weitergehen.

Wenn wir aufgeben, ist unser Schicksal besiegelt. Doch indem wir weitergehen, haben wir uns das Recht erkämpft, unser Schicksal selbst zu bestimmen.

Deshalb sollte Ihnen dieser Grundsatz in Fleisch und Blut übergehen: Wenn Sie durch die Hölle gehen, bleiben Sie nicht stehen, sondern gehen Sie entschlossen weiter.

70.
EIN FÜNKCHEN
HOFFNUNG IST
MANCHMAL ALLES,
WAS SIE BRAUCHEN

In der Wildnis kann schon ein
kleines Fünkchen Hoffnung, ein winziger
Hoffnungsschimmer, Ihr Leben retten. Aber ebenso
kann er Ihr Leben nachhaltig verändern.

Nehmen Sie zum Beispiel die Geschichte von Beck Weathers, jenem Bergsteiger, der auf dem Mount Everest seinem Schicksal überlassen wurde, weil man dachte, dass er im Sterben liege. Am Morgen des 10. Mai 1996 war Weathers zur letzten Etappe des Gipfelaufstiegs aufgebrochen, als er plötzlich merkte, dass er kaum noch etwas sehen konnte – die Folge einer stark ausgeprägten Form von Schneeblindheit. Da sein Gesichtsfeld extrem eingeschränkt war, konnte er die vor ihm liegende Route nicht erkennen und so blieb ihm nichts anderes übrig, als sich hinzusetzen und darauf zu hoffen, dass ihm jemand zu Hilfe käme.

Derweil brauten sich hoch über dem Gipfel die Gewitterwolken eines heranziehenden Höhensturms zusammen und innerhalb weniger Minuten befand sich Weathers mitten in einem verheerenden Schneesturm: Mit Windgeschwindigkeiten von 120 Stundenkilometern fegte der Sturm den Triebschnee über die Bergflanke und Weathers musste bei einer gefühlten Temperatur (Windchill) von minus 75 Grad Celsius ausharren.

Schließlich wurde er von Bergsteigern entdeckt, die gerade vom Gipfel zurückkamen und die dann versuchten, ihm beim Abstieg zu helfen. Sie gaben ihr Bestes, doch in dem immer heftiger tobenden Schneesturm, ohne Sauerstoffreserven und unter Whiteout-Bedingungen – die Sichtweite betrug nur wenige Meter – waren die Männer gezwungen, zu bleiben, wo sie waren, und sich eng zusammenzukauern, damit sie nicht erfroren.

Als sich der Sturm ein wenig gelegt hatte, wusste Bergführer Mike Groom instinktiv, dass er dieses kleine Zeitfenster nutzen musste, um Hilfe zu holen. Er ließ Weathers und mit ihm noch vier weitere Bergsteiger zurück, die alle zu diesem Zeitpunkt so gut wie nicht mehr ansprechbar waren, um zügig zu Lager vier abzusteigen und Hilfe zu holen.

Wenige Stunden später war Hilfe zur Stelle und drei der Bergsteiger konnten zu Lager vier zurückgeführt werden. Nur

Weathers und eine Bergsteigerin nicht, denn beide waren aufgrund starker Unterkühlung inzwischen in eine tiefe Bewusstlosigkeit gefallen.

Die Retter gingen fest davon aus, dass die beiden im Sterben lagen und dass sie nichts mehr tun konnten, um sie vor dem Kältetod zu retten – schließlich waren die Wetterbedingungen viel zu gefährlich, um zwei bewusstlose Personen den Berg hinunterzuschleppen – und so trafen sie die Entscheidung, sie an Ort und Stelle zurückzulassen.

Weathers lag die ganze Nacht über auf dem Rücken und war in dieser Eiseskälte unweigerlich im Begriff zu erfrieren. Auch wenn ihn nur knapp 300 Meter vom rettenden Lager vier trennten, so hätten es in dieser extremen Höhe, in der er sich befand, genauso gut 300 Kilometer sein können. Er hatte sich schwere Erfrierungen im Gesicht und an beiden Händen zugezogen.

Hier oben sollte also seine letzte Ruhestätte sein – begraben unter Schnee und Eis, umtost von eisigen Stürmen.

Am nächsten Morgen stiegen noch einmal zwei weitere Bergsteiger bis zu jener Stelle auf, an der man die beiden zurückgelassen hatte. Nachdem sie ihre Gesichter von einer dicken Eisschicht befreit hatten, meldeten sie über Funk ins Lager, dass beide wohl noch atmeten, aber sehr schwere Erfrierungen erlitten hätten und dem Tod näher seien als dem Leben.

Und wieder fiel die Entscheidung, dass man die beiden nicht mehr retten könne und sie daher ihrem Schicksal überlassen müsse. Die Bergsteiger kämpften sich wieder mühsam zurück zu Lager vier und erklärten die beiden für tot.

Doch dann geschah etwas Unglaubliches: Beck Weathers öffnete die Augen.

Er sah auf einmal seine Frau und seine Kinder vor sich stehen und sie riefen ihm zu.

Das war exakt jenes Fünkchen Hoffnung, das er brauchte.

Mühsam rappelte er sich auf und schleppte sich torkelnd vorwärts.

253

Auf einem Auge konnte er überhaupt nichts mehr sehen, weil es durch die eisige Kälte komplett zugefroren war, und mit dem anderen Auge betrug seine Sichtweite gerade mal einen halben Meter. Sein ganzer Körper war regelrecht steif gefroren und die Höhenkrankheit machte ihm extrem zu schaffen. Aber dennoch schleppte er sich Meter für Meter immer weiter.

Dann endlich erreichte er, allen Widrigkeiten zum Trotz, taumelnd das Lager.

Beck Weathers hatte zwar schwerste Erfrierungen erlitten – ihm mussten beide Hände und die Nase amputiert werden – aber dieser winzige Hoffnungsschimmer, den er vor Augen hatte, dieses kleine Fünkchen Hoffnung, das seine Familie ihm gab, war alles, was er brauchte, um sich aufzurappeln und sich in Bewegung zu setzen.

Dieses Fünkchen Hoffnung hat ihm das Leben gerettet.

Unterschätzen Sie nie die Kraft des Unterbewusstseins.

In jedem von uns schlummern tief verborgen unglaublich viele Träume, Hoffnungen, Wünsche und Sehnsüchte, die alle nur darauf warten, dass wir sie zum Leben erwecken.

Denn ein kleines Fünkchen reicht schon aus, um ein großes Feuer zu entfachen.

71.
WAS SIE ÜBER ANDERE SAGEN, SAGT AM MEISTEN ÜBER SIE SELBST AUS

Ich kenne da eine wunderbare Definition von Klatsch: „Wenn die Person, mit der Sie gerade reden, noch schlechter oder geringschätziger über jene Person denkt, über die Sie gerade reden, dann ist das eindeutig Klatsch – also schenken Sie sich das!"

Es ist nicht zu fassen, wie gern die Leute doch Klatsch und Tratsch verbreiten, obwohl sie genau wissen, welchen Schaden sie damit anrichten können (aber hin und wieder macht eben jeder von uns diesen Fehler).

Das Problem an dem gehässigen Gerede ist nur, dass es immer auf Kosten anderer geht, ganz egal wie unterschwellig die Stichelei auch zum Ausdruck gebracht wird.

Sie sind vielleicht der Meinung, dass Sie die andere Person doch nur ein bisschen aufziehen wollen, indem Sie sich über ihren Modegeschmack, Partner oder Urlaub lustig machen, allerdings schwingt in Ihren Worten ein Werturteil mit. Und wenn dieses Werturteil gemein ist, sagt das weitaus mehr über die Person aus, die diese Worte spricht, als über die Person, auf die sich diese Worte beziehen.

Gerade durch die Art und Weise, wie wir über unsere Mitmenschen reden, offenbaren wir am meisten über uns selbst – wie wahr. Eine Person, die sich großspurig über den Kleidungsstil von anderen mokiert, ist in aller Regel selbst extrem eitel und eingebildet. Eine Person, die die Beziehung von anderen kritisiert, hat im Allgemeinen in der eigenen Beziehung einen Riesenhaufen Probleme. Und eine Person, die unentwegt darüber redet, wie viel oder wie wenig andere verdienen, ist aller Wahrscheinlichkeit nach ein verbitterter Mensch, der anderen nicht die Butter auf dem Brot gönnt und meint, die Welt schuldet ihm was.

Manche Menschen hegen wohl insgeheim die Hoffnung, dass es ihnen ein Gefühl der Überlegenheit beschert, wenn sie andere runtermachen. Doch in Wirklichkeit ist eher das Gegenteil der Fall. Ihre Freunde werden vielleicht anfangs noch so tun, als würden sie Ihre spöttischen Bemerkungen über andere lustig finden, auf lange Sicht jedoch werden sie sich vor Ihnen in Acht nehmen. Denn sie werden sich unweigerlich sagen: „Wer so über andere spricht, der wird vermutlich auch über mich so sprechen."

Aus diesem Grund sollten Sie stets darauf bedacht sein, nicht schlecht über andere zu reden. Ihre Mitmenschen werden Sie dafür mögen, denn diese Eigenschaft ist extrem dünn gesät.

Und denken Sie daran: Wenn Sie das Gute in einem Menschen suchen, werden Sie auch fast immer fündig.

Ach ja, und noch etwas: Wenn Sie immer gut von Ihren Mitmenschen sprechen, werden Sie feststellen, dass *Sie* mit der Zeit eine sehr viel optimistischere und positivere Lebenseinstellung bekommen.

Das ist die Belohnung für Ihre Mühe – jener Teil, der positiv auf Sie zurückkommt.

72.
DANKBARKEIT, DANKBARKEIT UND NOCHMALS DANKBARKEIT

Dankbarkeit zu empfinden, ist für mich eines der besten natürlichen Heilmittel, um eine Phase tiefer Niedergeschlagenheit zu überwinden – allerdings bin ich noch nicht so recht dahintergekommen, warum beziehungsweise wie das Ganze funktioniert!

Aber es funktioniert, und nur darauf kommt es an. **Sobald Sie Dankbarkeit empfinden, fühlen Sie sich meistens gleich viel besser.**

Manchmal ist es so, dass wir den Mut sinken lassen, besonders, wenn das Leben uns auf eine harte Probe stellt. Doch wie wir mit einer solchen Situation umgehen, beeinflusst unser künftiges Leben. Wenn wir wütend, verbittert oder zynisch reagieren – dreimal dürfen Sie raten, was dann passiert! Wir ziehen mit dieser negativen Einstellung nur noch mehr negative Dinge an. Wenn wir jedoch Dankbarkeit empfinden für die vielen einfachen und wunderbaren Dinge, die wir haben – für unsere Gesundheit, unsere Familie und Freunde oder einfach nur dafür, dass wir am Leben sind –, sorgt das dafür, dass wir die vor uns liegenden Schwierigkeiten objektiver und mit mehr Abstand betrachten können, und allein dadurch wird unsere Welt wieder ein bisschen schöner.

Aus diesem Grund sind wir in unserer Familie nach Möglichkeit immer bestrebt, ein Tischgebet zu sprechen – schließlich ist es gut, wenn wir alle hin und wieder daran erinnert werden, worauf es im Leben wirklich ankommt. Denn wenn wir alle beisammensitzen, können wir die Hektik des Alltags für einen Augenblick hinter uns lassen und ein paar Minuten innehalten, um einfach mal Danke zu sagen. Klingt altmodisch? Mag schon sein, doch meine Oma weiß am allerbesten, wie hilfreich das ist.

Apropos Tischgebet: Manchmal ist es schon ein wenig peinlich, ein Tischgebet zu sprechen, wenn Freunde zu Besuch sind – allerdings habe ich festgestellt, dass es den Leuten im Großen und Ganzen Spaß macht, auch wenn sie es selbst nicht praktizieren. Das sorgt irgendwie für gute Stimmung am Tisch. Denn es bedeutet, dass wir auf diese Weise unsere eigene kleine Gedankenwelt verlassen und uns anderen Menschen zuwenden und lernen, sie wertzuschätzen.

Sie müssen aber nicht unbedingt ein tief gläubiger Mensch sein, um von der positiven Wirkung der Dankbarkeit zu profitieren

– das ist ein weiteres wunderbares Gesetz des Universums. Denn wenn Sie Dankbarkeit empfinden, zaubert das sehr oft ein Lächeln auf Ihr Gesicht.

Andererseits bedeutet dankbar zu sein aber auch, dass wir nicht alle guten Dinge in unserem Leben als selbstverständlich betrachten. **In der Wildnis kann man mit einer selbstgefälligen Art in größte Lebensgefahr geraten – das habe ich schon allzu oft mit eigenen Augen miterlebt –, im Leben ist das jedoch auch nicht viel anders.**

Denn ziemlich oft behandeln wir ausgerechnet jene Menschen, die uns am nächsten stehen – egal, ob Ehefrau oder Ehemann, Freund oder Freundin, Familie oder Kumpels – am *schlechtesten*. Offenbar meinen wir, dass sie diejenigen sind, an denen wir getrost unsere schlechte Laune auslassen können, während wir unsere freundlich-zuvorkommende Art für unsere Gäste oder unsere Arbeitskollegen reservieren. Allerdings ist das ein todsicheres Rezept, um sich richtig viel Ärger einzuhandeln.

Der kluge Mann und auch die kluge Frau behandeln daher immer die Menschen am besten, die sie lieben.

Wenn wir nämlich unseren Lieben jeden Tag zeigen, wie glücklich und dankbar wir sind, sie zu haben, dann wird uns das Universum entsprechend belohnen.

Dankbarkeit, Dankbarkeit und nochmals Dankbarkeit: Denn Dankbarkeit zu empfinden, ist eine zuverlässige Methode, um erfolgreich zu sein. Vertrauen Sie mir.

73.
WENN DAS LEBEN DIR ZITRONEN GIBT, MACH LIMONADE DRAUS

Wenn ich diesen Spruch höre, muss ich immer schmunzeln. Aber genau diese Fähigkeit, saure, unerwünschte Zitronen in süße, prickelnde Limonade zu verwandeln, ist eine der wichtigsten Charaktereigenschaften erfolgreicher Menschen. Dafür braucht man nichts weiter als ein kleines bisschen Fantasie sowie die bedingungslose Entschlossenheit, extrem hart zu arbeiten.

Zweifellos beschert das Leben jedem von uns irgendwann einmal „Zitronen". Davor kann man sich nicht schützen. Es kann vielleicht sein, dass Sie eine unheilbare Krankheit bekommen oder – wenn Sie Soldat sind – durch eine Bombe am Straßenrand schwer verletzt werden; oder vielleicht machen Sie einen miserablen Schulabschluss, wachsen in zerrütteten Familienverhältnissen auf, oder aber Ihr Flugzeug stürzt im Dschungel ab; Ihr Auto gibt mitten in der Wüste den Geist auf, oder aber Sie verlieren einen geliebten Menschen.
Schlimme Dinge passieren eben. Das ist jedem von uns klar, oder etwa nicht?

Doch wie sich diese Dinge auf unser künftiges Leben auswirken, hängt einzig und allein davon ab, wie wir damit umgehen.

Eine der besten Überlebenstechniken basiert auf Improvisationstalent, das heißt, man muss einfallsreich und kreativ sein, um aus alltäglichen, banalen Dingen einen supergenialen Notbehelf zusammenzubasteln. Das kann unter Umständen etwas total Simples sein, wie zum Beispiel sich die Socken über die Stiefel zu ziehen, damit man besser das rutschige Eis eines Gletschers überqueren kann; es kann aber auch sein, dass man sich schon sehr anstrengen muss, um einen findigen Plan auszutüfteln, wie man eine Schlucht überwinden kann, indem man sich aus einer Tierfalle und einem alten Seil eine Art Enterhaken bosselt.
Im Prinzip geht es nur darum, ein Problem clever, kreativ und unkonventionell zu lösen – also vor allem logisch und rational zu denken und sich etwas einfallen zu lassen.
Not macht erfinderisch. Das heißt, wenn Sie nicht die Dinge haben, die Sie brauchen, um eine Aufgabe zu lösen, dann müssen Sie sich eben etwas einfallen lassen, um aus den Dingen, die Sie haben, etwas Geeignetes zusammenzubasteln – ganz

egal, wie lange es dauert oder wie schwierig es auch sein mag. Denn nichts fördert Ihre Erfindungsgabe und Ihr Improvisationstalent so nachhaltig wie ein Abenteuer: Sie müssen nämlich mit dem vorliebnehmen, was Sie haben, und das Beste daraus machen.

Wenn wir in der freien Natur überleben wollen, werden wir gefordert und müssen über uns hinauswachsen – aber genau darin liegt ja der besondere Reiz. Erst wenn Sie bereit sind, sich dieser Herausforderung zu stellen, kann Ihr Abenteuer beginnen.

Und genauso verhält es sich auch im Leben: Wenn wir nehmen, was wir haben – ganz gleich, wie wenig es auch sein mag – und beschließen, mit Fleiß und harter Arbeit, mit Fantasie und Einfallsreichtum etwas daraus zu machen, sind wir in der Lage, Großes zu leisten und über uns hinauszuwachsen.

Möglicherweise sind Sie ja der Meinung, dass erfolgreiche Menschen alle notwendigen Erfolgszutaten auf einem silbernen Tablett serviert bekamen – etwa so, als würden diese Zutaten einfach herumliegen und nur darauf warten, aufgesammelt zu werden. Aber so läuft das im Leben nicht.

Selbst bei jenen außergewöhnlichen Glückspilzen, die schon als Kinder von allem – ob Ausbildung, Kleidung, Essen oder Schuhe – immer nur das Beste bekommen haben, ist das noch lange keine Garantie für ein erfolgreiches Leben. Sie haben sicher ein paar mehr Chancen gehabt, doch wenn man sich nicht aufrafft und diese Chancen entschlossen beim Schopf packt und etwas daraus macht, nützen sie einem herzlich wenig.

Erfolgreiche Menschen nehmen einfach das, was sie zur Verfügung haben, egal wie dürftig ihre Ressourcen auch sein mögen, und machen etwas daraus. Vielleicht kommen sie ja nur ganz langsam voran, aber immerhin ist es ein Schritt nach vorn, eine Sprosse auf der Erfolgsleiter – und dieser kleine Fortschritt spornt sie an, weiterzumachen und die Erfolgsleiter stetig weiter nach oben zu klettern.

Denken Sie doch nur an die Erfolgsgeschichte all jener Menschen, die die Welt verändert haben: Sie haben meist mit ganz wenig angefangen, allerdings haben sie sich gerade durch ihre Lebenseinstellung von der Masse abgehoben, nämlich durch die Art und Weise, wie sie Chancen ergriffen, Beziehungen genutzt und Schwierigkeiten gemeistert haben.

Martin Luther King, Nelson Mandela, Mahatma Gandhi – es gibt so unglaublich viele große erfolgreiche Menschen, dass man ihre Namen gar nicht alle aufzählen kann.

Sehr viel leichter ist es dagegen, die Charaktereigenschaften aufzuzählen, die all diese erfolgreichen Menschen miteinander gemeinsam haben: ihren Einfallsreichtum und ihre unbeirrbare Entschlossenheit, die „Zitronen", die das Leben ihnen beschert hat, in etwas Positives zu verwandeln – denn allein diese Eigenschaften haben den Grundstein für ihren Erfolg gelegt.

Das Geheimnis eines erfolgreichen Lebens besteht darin, dass wir die Ressourcen nutzen, die uns zur Verfügung stehen – das heißt die Leute, die wir kennen; die Dinge, die wir besitzen; die Fähigkeiten, die wir uns angeeignet haben – und dann diese Ressourcen in einer Weise miteinander kombinieren und einsetzen, dass daraus etwas sehr viel Größeres entstehen kann, das die Summe der Einzelteile bei Weitem übertrifft.

Draußen in der Wildnis war ich schon oft völlig am Ende meiner Kräfte, aber dennoch bin ich immer weitergegangen und habe mich unablässig bemüht, logisch zu denken, erfinderisch zu sein, optimistisch und entschlossen zu handeln – ganz gleich, wie erschöpft ich war –, denn genau das hat mir immer geholfen, die Situation erfolgreich zu meistern.

Wir können uns zwar unsere Lebensumstände nicht immer aussuchen, aber wir können uns sehr wohl aussuchen, wie wir mit Schwierigkeiten oder Schicksalsschlägen umgehen, mit denen das Leben uns konfrontiert. Denn wenn wir erkennen, dass wir in der Lage sind, unser Schicksal selbst in die Hand zu nehmen, gibt uns das die nötige Kraft und Energie.

Durch das Überlebenstraining in der Wildnis habe ich gelernt, das Unerwartete nicht zu fürchten, sondern es bereitwillig anzunehmen. Ich habe gelernt, dass es gerade die unangenehmen Überraschungen im Leben sind, die uns am nachhaltigsten prägen und uns letztlich zu dem machen, was wir sind.

74.
EINE KRISE
IST EINE GEFAHR
UND ZUGLEICH
EINE CHANCE

In einer Rede hat Präsident
John F. Kennedy einmal gesagt, dass sich das
Wort „Krise" im Chinesischen aus zwei Schrift-
zeichen zusammensetzt – das eine steht für
Gefahr, das andere für Chance.

Diese Aussage spiegelt eine großartige Einstellung wider, zumal die meisten Menschen eine Krise als etwas betrachten, das es unbedingt zu vermeiden gilt, obwohl eine Krise doch in Wirklichkeit auch ein Abenteuer und einen Vorteil in sich bergen kann.

Das soll jetzt aber nicht heißen, dass Sie sich auf „Krisensuche" begeben sollen, sondern vielmehr, dass Sie eine Krise als Chance begreifen und entsprechend nutzen sollten.

Die Chance mag vielleicht nicht auf den ersten Blick erkennbar sein, denn meist liegt sie im Chaos verborgen.

Doch jedes Negative hat auch etwas Positives: **Die Stürme reinigen das Meer, und der Wind verbreitet die Samen.**

Ich habe einmal einen der erfolgreichsten Menschen, die ich kenne, danach gefragt, was genau der Schlüssel zu seinem Erfolg sei. Daraufhin meinte er, das sei eigentlich ganz offensichtlich, denn bei jedem Geschäftsabschluss habe es eine entscheidende Phase gegeben, einen Augenblick, in dem das gesamte Projekt in der Schwebe gegangen sei. Und gerade in dieser kritischen, alles entscheidenden Phase sei er immer zur Bestform aufgelaufen und habe den Deal jedes Mal unter Dach und Fach gebracht.

Kurz gesagt: Er wusste einfach, dass er in kritischen Situationen, wenn er extrem unter Druck stand, hervorragend funktionierte – denn er konnte immer außergewöhnliche Erfolge erzielen.

Die meisten Menschen brechen unter Druck zusammen, doch ein Champion läuft dann erst richtig zur Höchstform auf.

Wenn ich mich für eine einzige großartige Charaktereigenschaft entscheiden müsste, um in der Wildnis zu bestehen, dann ist es diese: Gelassenheit bewahren im Sturm des Lebens.

Bemühen Sie sich, diese Charaktereigenschaft zu entwickeln, auch wenn Sie das Gefühl haben, dass Ihnen das von Natur aus schwerfällt. Stellen Sie sich einer Krise, wo immer sich Ihnen die Gelegenheit dazu bietet – damit Sie Übung darin bekommen, Krisen als Chance zu begreifen!

Sagen Sie sich einfach: „Ich funktioniere gut in kritischen Situationen, ich bewahre Ruhe und Gelassenheit im Sturm des Lebens." Sagen Sie sich diesen Satz so lange vor, bis er irgendwann für Sie zur Realität wird.

75.
KEIN MENSCH IST VOLLKOMMEN, ABER GERADE DIESE UNVOLLKOMMENHEIT ERMÖGLICHT ES UNS, ÜBER UNS HINAUSZUWACHSEN

In diesem letzten Kapitel möchte ich gern etwas über das Menschsein sagen, über Menschlichkeit und darüber, dass wir stets danach streben sollten, ein besserer Mensch zu werden.

Damit wir die Herausforderungen des Lebens erfolgreich meistern und daran wachsen können, ist es wichtig, dass wir zuerst einmal begreifen, dass wir nicht zwingend alle Bereiche unseres Lebens vollkommen im Griff haben müssen – , dass wir nicht in allem mustergültig und perfekt sein müssen – um ein erfülltes und erfolgreiches Leben zu führen.

Genau genommen ist nämlich eher das Gegenteil der Fall.

Wenn Sie ein abenteuerliches Leben führen und Großes leisten wollen, brauchen Sie dazu nichts weiter als den Willen und die Bereitschaft, dieses Vorhaben entschlossen in Angriff zu nehmen. Sie müssen einfach den ersten Schritt machen, denn von ihm geht eine unglaubliche Kraft und Energie aus. Anschließend müssen Sie diesen Weg nur noch unbeirrt bis zu Ende gehen; er wird zweifellos steinig sein und voller Hindernisse, aber es ist ein Weg zu Ihrem Ziel. Doch wie weit Sie gehen und wann Sie an Ihre Grenzen stoßen, hängt einzig und allein davon ab, über wie viel Mut, Hartnäckigkeit und Vorstellungskraft Sie verfügen.

Jeder von uns ist in der Lage, Grenzen neu zu definieren, Positives zu bewirken, Kraft und Motivation zu spenden und das Leben seiner Mitmenschen zum Besseren zu wenden. Denn um das zu tun, müssen wir nicht zuerst zu vollkommenen Menschen werden und ein ganz und gar geordnetes Leben führen.

Das Leben ist eine Reise, und wir lernen jeden Tag dazu, machen gute und schlechte Erfahrungen. Akzeptieren Sie das und stellen Sie sich darauf ein. Wachstumsschmerzen gehören nun mal zum Leben!

Und zu guter Letzt sollten Sie auch immer daran denken, dass kein Mensch vollkommen ist, denn wir alle haben mit unseren ganz eigenen Schwächen, Fehlern und Unzulänglichkeiten zu kämpfen. **Aber manchmal ist es ja gerade diese Unvollkommenheit, die uns antreibt und zu Großem beflügelt.**

Denn erst, wenn wir begreifen, dass wir an uns arbeiten und uns ändern müssen, können wir uns letztlich auch weiterentwickeln und über uns hinauswachsen.

Jetzt sind Sie gerüstet, um Ihr eigenes großes Abenteuer in Angriff zu nehmen ...